S0-ARK-242

ALL YOU NEED IS *love*

ALL YOU NEED IS love

REMEDIOS GOMIS

Obra editada en colaboración con Editorial Planeta – España

Diseño de portada: Departamento de Arte y Diseño, Área Editorial Grupo Planeta
Ilustraciones del interior: ©Shutterstock
Fotografía de la autora: Archivo personal de la autora

Bajo el sello editorial DIANA M.R.
Avenida Presidente Masarik 111, Piso 2
Colonia Polanco V Sección
Deleg. Miguel Hidalgo
C.P. 11560, Ciudad de México
www.planetadelibros.com.mx

Primera edición impresa en España: febrero de 2016
ISBN: 978-84-08-15096-1

Primera edición impresa en México: abril de 2017
ISBN: 978-607-07-4021-3

Impreso en los talleres de Litográfica Ingramex, S.A. de C.V.
Centeno núm. 162-1, colonia Granjas Esmeralda, Ciudad de México
Impreso en México – *Printed in Mexico*

Índice

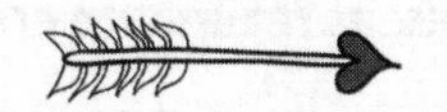

Segunda parte:
PASAR A LA ACCIÓN

Introducción

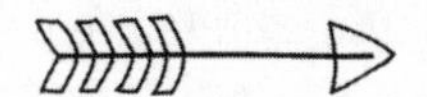

¿Por qué es tan difícil encontrar pareja?

Seguro que ahora mismo te estás preguntando ¿cómo puede ser que algo tan natural como encontrar pareja requiera de un manual de instrucciones?

Lo que ocurre es que, cuando hablamos de encontrar pareja, en realidad hablamos de alguien que encaje en nuestra vida y eso, con la edad, se convierte en algo cada vez más complicado.

Piénsalo. Cuando tenías 20 años era fácil. Salías por los locales de moda, ligabas (o te ligaban), reías, tonteabas, intercambiabas números de teléfono... y así, de esta forma tan despreocupada, pasaban los años y las parejas. Sin embargo, a medida que aumenta nuestra edad, aumenta también nuestro nivel de exigencia. Si con 20 años nos conformábamos con que el chico que nos gustaba trabajase como repartidor, ahora queremos que sea el dueño de la empresa de transportes. Si antes no nos importaba que la chica de nuestros sueños pasase de estudiar y trabajase un poco de lo que fuera, ahora buscamos una mujer con estabilidad económica y estudios. ¿Qué ha cambiado? Los condicionantes que añadimos al amor.

Te voy a presentar algunas historias que seguro que te suenan:

Alicia, 40 años, agente de seguros
Hace cuatro años estuve a punto de casarme, pero mi novio rompió conmigo en el último momento porque no quiso asumir el compromiso. Aquello me destrozó, caí en una depresión que duró dos años y que me dejó totalmente «fuera del mercado». Pero ahora ya lo he superado y estoy dispuesta a volver a intentarlo, aunque cuando pasas de los treinta y pico es difícil encontrar un lugar para salir acorde con tu edad, y aún más difícil conocer gente que busque algo serio. Pero no voy a resignarme a convertir mi soltería en un «estado permanente».

Juan M.ª, 45 años, publicista
No sé por qué estoy soltero. Durante una época de mi vida, tuve varias parejas: salí un año con una chica italiana, mantuve una relación de cinco años con una abogada con la que llegué a convivir; tras la ruptura, conocí a una chica maravillosa con la que estuve saliendo tres años, pero cuando hablamos de dar un paso más y salió el tema hijos... se fue alejando, hasta que rompimos. A partir del momento en que cumplí 35 años, ya no tuve estabilidad o relaciones de verdad. Iba y venía, cambié de trabajo, de casa, de amigos... Tenía demasiadas cosas que solucionar. El tiempo pasa y parece que no has hecho nada con tu vida.

Marina, 38 años, funcionaria
Creo que espero demasiado. Estar soltera no sería un drama si mucha gente no te mirase con cara de «¿38?, ¿y dónde está tu novio?», y tú no tuvieras que poner tu mejor sonrisa y contestar: «No tengo tiempo... Trabajo mucho... No entra en mis planes a corto plazo..., etc.», mientras aprietas los dientes para no decir en voz alta lo que en realidad estás pensando: «¿Pero qué te

crees? ¿Que no me gustaría encontrar una pareja y enamorarme?». Seguro que no soy la única que lo piensa. ¿De verdad espero demasiado?

Claudia, 36 años, enfermera

Tengo 36 años y me resulta muy difícil encontrar a esa persona especial a quien amar con locura, con sus virtudes y defectos. Hasta el momento no he tenido suerte; ahora que mi hermana pequeña se va a casar, ando un poco deprimida, creo que los hombres que conozco no quieren comprometerse. Yo sí sé lo que quiero y espero encontrar al hombre ideal para mí.

Carlos, 41 años, comercial

No me siento bien conmigo mismo. Mi vida es cualquier cosa menos lo que yo había soñado. Mi relación con la que ha sido mi novia durante 10 años se ha roto y he perdido toda la confianza en mí mismo, me siento incapaz de volver a enamorarme. Apenas salgo y, al final, he encontrado en internet un recurso para relacionarme, aunque sin éxito, de momento. Tengo miedo al fracaso y creo que estoy demasiado en guardia.

Manuel, 46 años, informático

No soy capaz de conseguir una cita. Me aterra el rechazo. Yo soy un hombre de 46 años, separado, con trabajo y una carrera y creo que, en cuestiones de amor, no hay diferencias de género. Les pasa lo mismo a las mujeres que a muchos hombres. Soy tremendamente inseguro, creo que soy un patito feo. Aunque mis amigos y familia me dicen que soy un hombre normal, e incluso atractivo, la verdad es que no sé qué me pasa con las mujeres. Cuando veo alguna que me gusta, me armo de valor, me acerco, pero siempre acaban dejándome solo. Es como si fuera invisible para ellas. ¿Qué estoy haciendo mal? ¿Qué puedo hacer para lograr conseguir alguna cita, sin que salgan corriendo?

Amalia, 51 años, médica

Creo en las grandes historias de amor y espero la mía. Mis amigas dicen que soy demasiado ingenua, pero quiero seguir creyendo que llegará el hombre de mis sueños... He tenido muchas parejas, pero nunca han llegado a nada. En el fondo, creo que tenía miedo al compromiso. Durante diez años estuve con un hombre casado, hasta que comprendí que nunca rompería con su mujer y dejé la relación. Acabo de cumplir 51 años y sigo esperando. Salgo, conozco gente, pero no logro encontrar lo que busco.

Juan, 48 años, farmacéutico

Llevo dos separaciones y no sé qué hice mal. Tengo una vida estable económicamente, poseo mi propio negocio, me gusta el cine, salir, los deportes..., pero mi vida sentimental no lo es tanto. Llevo dos separaciones matrimoniales y una ruptura sentimental...; no tiro la toalla, creo en el amor, pero ahora sé que necesito que me ayuden a encontrar a la persona correcta para mí y hacer que la relación funcione.

Marta, 40 años, dependienta

Mis amigas están casadas, con pareja e hijos. ¿Y yo? ¿Por qué no? Acabo de cumplir 40 años, las veo a ellas y pienso: «¿En qué me he equivocado? ¿Qué he hecho mal para no tener lo mismo que ellas? ¿Dónde está mi "media naranja"?».

¿Te suena alguna de estas historias? ¿Te sientes mal por no tener pareja? ¿Te incomoda que te pregunten por tu estado civil? ¿Te molesta que, a estas alturas, aún te llamen *single*?

Los *love coach* somos testigos de estas historias a diario. Las relaciones de pareja son nuestra profesión y sabemos que, aunque el amor es, sin duda, el ingrediente básico y principal en una relación de pareja, se necesitan otras muchas cosas para encontrar a la pareja ideal y para que, además, esta funcione.

Sin embargo, estamos de suerte. Piensa que el 50 por ciento de la población son hombres y el otro 50 por ciento son mujeres. ¿De verdad crees que no existe entre esa gran cantidad de gente alguien para ti?

¡Pues claro que sí!

¿¡Y qué pasa si la encuentro!?

¿Piensas que te encantaría tener una pareja con quien compartir un proyecto de vida, pero, al mismo tiempo, te da miedo encontrar a esa persona especial? ¡Qué contradicción! Te preguntarás por qué te ocurre esto. No temas, es muy habitual. Se llama miedo a enamorarse y puede deberse a ciertas ideas preconcebidas ampliamente extendidas en nuestra sociedad. Son frases que todos hemos oído como «Enamorarse es sufrir» o «No te enamores si no quieres pasarlo mal» y que, en realidad, solo sirven para impedir que encuentres a la persona idónea, aunque la busques sin descanso.

Recuerda que el miedo es el peor consejero para el amor y que, cuando lo venzas, se abrirán ante ti infinitas posibilidades que veremos más adelante.

Enamorarse es aprender a ver el lado positivo de la vida y tomar lo que esta nos ofrece. Alcanzar el éxito en nuestra relación no es tan diferente a alcanzar el éxito en otras facetas de nuestra vida: solo necesitamos un método, un plan de acción (o ruta hacia el amor) y el compromiso con nosotros mismos de llevarlo a la práctica. El amor no es algo que simplemente suceda; como tantas otras cosas, hay que trabajar para conseguirlo. Así que no esperes más, porque hay oportunidades que solo pasan una vez en la vida…, y yo voy a ayudarte a que no las dejes escapar.

¿Qué voy a aprender en este libro?

Muy sencillo, este libro te mostrará un sencillo método para dar un giro radical y un nuevo enfoque al proceso de buscar y encontrar a una persona compatible con quien formar una pareja.

- Entenderás por qué es importante definir y dibujar un mapa mental de lo que buscas en realidad en una pareja, comenzando por hacerte la pregunta más difícil: **¿De verdad quiero tener pareja?**
- Aprenderás **qué es la zona de confort** (que hasta ahora solo te ha aportado frustraciones y fracasos) y **cómo salir de ella** para cambiar tus circunstancias y, con ello, alcanzar el éxito en tus relaciones.
- Aprenderás a dibujar un **plan de acción** que te llevará a encontrar a tu ***perfect match*** (pareja ideal).
- Aprenderás a mejorar tu **confianza** y **magnetismo**, y a ser una persona **seductora** y con **carisma.**
- Descubrirás cómo **potenciar tu marca personal en el amor**.
- Aprenderás nuevas **técnicas de seducción.**
- Sabrás **dónde ir** y **qué hacer** para encontrar a esa persona idónea.
- Aprenderás a **usar bien Internet** como arma para encontrar pareja.

A lo largo del libro te mostraré paso a paso el **método *Love*** para descubrir qué quieres en el amor y dónde encontrarlo. Este método, a diferencia de tantos otros, es práctico y va al grano. Si lo lees con detenimiento, descubrirás fácilmente qué errores has estado cometiendo y cómo corregirlos. La idea no es solo que encuentres a tu pareja ideal sino que, además, disfrutes del proceso.

¡Comenzamos!

PRIMERA PARTE:

PREPARAR EL PLAN DE ACCIÓN

«Llegamos al amor no porque encontremos a la persona perfecta, sino porque aprendemos a conocer a la persona imperfecta que tenemos delante.»

Diagnóstico previo

Antes de empezar, es necesario saber dónde nos encontramos y a qué nos enfrentamos. Para ello, te propongo unas sencillas preguntas que debes responder con total sinceridad y que te volveré a proponer al final del libro para que puedas observar tu evolución y descubrir en qué has cambiado. Recuerda que este test será solo para ti, así que procura responder de forma lo más detallada posible. Cuanto mejor sea el diagnóstico, mejor será el remedio.

QUIERO:

Escribe exactamente cuál es tu objetivo en lo relativo a la búsqueda de pareja.

....

A continuación, responde a estas preguntas:

¿Qué has hecho hasta ahora para alcanzar ese objetivo?

....

....

....

....

....

¿Qué te ha funcionado y qué no?

....

....

....

....

....

....

....

¿Qué opción te parece imposible?

....

....

....

....

....

....

....

¿Qué decisión has estado evitando?

....

....

....

....

....

....

....

Cuéntame qué sentirás cuando hayas encontrado lo que buscas.

....

....

....

....

....

....

....

Paso 1

Naranjas completas

Lo primero que debemos tener claro a la hora de encontrar pareja es que, en contra de lo que podríamos pensar, no buscamos a nuestra «media naranja». Todos somos naranjas completas, así que lo que buscamos es otra «naranja completa» que nos complemente.

«¿Y qué fue de aquello de encontrar la media naranja?», te preguntarás. Pues muy sencillo. Quienes creen que son la mitad de «algo» y buscan otro «algo» que los complemente, seguramente son personas con carencias que acabarán encontrando, a su vez, personas con carencias. Puede que incluso lleguen a enamorarse pensando que se complementan, pero, en realidad, lo que generan ese tipo de relaciones es dependencia emocional y eso, a la larga, comporta problemas.

Nosotros buscamos a nuestra pareja ideal, aquella que, una vez sabemos qué tipo de relación queremos, cumple con nuestras expectativas. Y, para obtenerla, el primer paso es ser naranjas completas. Nuestro lema debe ser: **«Te quiero, pero no te necesito. Solo te amo»**. Recuerda que las personas con una autoestima sana, capaces de amarse a sí mismas, tienen el doble de posibilidades de atraer a personas afines y ser queridas y respetadas por los demás. Por supuesto que la primera impresión y la atracción física son factores de peso a la hora de encontrar pareja, pero no son lo esencial.

Tu pareja ideal es aquella capaz de aportarte felicidad y seguridad, un amigo/a, amante y compañero/a de vida con las cualidades que buscas y deseas, y cuyos defectos son solo pequeñas imperfecciones que, a su vez, encajan en las tuyas. Recuerda que tener una relación de pareja es vivir tu día a día junto a otra persona, compartir con ella lo que haces y decides, tu trabajo y tus sentimientos, tus anhelos.

Preguntas difíciles

¿Cuántas veces has comenzado una relación pensando que aquella era la persona de tu vida, con la que serías feliz para siempre? Y, sin embargo, poco a poco, surgieron situaciones en las que sentiste fracaso, frustración, engaño... Pero ¿realmente la culpa fue siempre de la otra persona?

Ha llegado el momento de aprender del pasado.

Antes de lanzarte a buscar pareja, es preciso reflexionar sobre uno mismo y aprender a conocerse. Por eso, vamos a repasar tus experiencias en relaciones anteriores y vamos a poner sobre la mesa aquello que más aprecias en una pareja y aquello que te ha marcado negativamente o que no puedes sobrellevar.

Tu relación de pareja es una prolongación de tu persona. Por eso, antes que nada, debes responder a las siguientes cuestiones:

- ¿Cuáles son realmente mis necesidades? ¿Cómo soy yo en realidad?

  ....

- ¿Qué es lo que más valoro en una persona?

  ....

- ¿Qué limites me pongo a la hora de buscar pareja?

  ....

Una vez abordados estos puntos generales, puedes seguir con preguntas más concretas. Por ejemplo:

- ¿Podría tener como pareja a una persona celosa?

....

- ¿Busco seguridad en una pareja?

....

- ¿Busco a una pareja que me deje espacio propio e independencia?

....

- ¿Soy una persona celosa?

....

- ¿Soy dependiente de mi familia?

....

- ¿Quiero o aceptaría hijos?

....

Es importante saber qué tipo de relación quieres, porque solo así sabrás qué estilo de persona debes buscar.

Te lo mostraré con un ejemplo real:

Al cumplir 46 años y soplar las velas, Laura pidió no acabar el año sin pareja. Sus amigas de siempre, aquellas con las que los fines de semana empezaban los jueves y acababan cuando el sol del domingo ya brillaba, aquellas con las que había roto más de un par de zapatos en la pista de baile, habían ido sentando la cabeza y la que no tenía dos niños estaba esperando el primero. Laura había sido la madrina de dos de las bodas de sus amigas y, además, la organizadora de todas las despedidas. Es cierto que nunca antes le había importado estar soltera, ni había pensado que pudiera llegar el día en el que ella mirase hacia atrás y se viese sola. Sus amigas seguían ahí, pero de otra forma. Las charlas ya no iban de chicos, ni de escapadas a Ibiza. Ahora los temas eran los antojos, el trabajo del marido, el piso, las escuelas infantiles... Los fines de semana ya no empezaban los jueves. Lo hacían el domingo y era para tomar el aperitivo en plan pandilla con los niños. En resumen, que ya nada era igual y Laura se sentía desplazada. Por eso, al soplar las velas de la tarta de cumpleaños que le había preparado una de sus amigas, se propuso unirse al club y buscar una pareja para sentar la cabeza, porque, como decía su madre, ya iba siendo hora.

Pero Laura no tenía claro cómo hacerlo. Nunca había sido una mujer especialmente atractiva, más bien normalita, aunque sabía sacarse provecho. Siempre cuidaba los detalles: vestía conjuntada, con taconazos y faldas ajustadas. Pero no tenía ningún atributo especial que volviera locos a los hombres, así que no iba a perder el tiempo saliendo noche tras noche para ver si conocía a alguien que encajara en lo que ella quería. (Además, ¿con quién iba a salir, si sus amigas ya estaban todas casadas o en pareja?) Así que decidió abrir un perfil en una conocida web de citas *on line*. Tras asesorarse sobre cómo hacer un perfil que resultara atractivo, le pidió a una de sus amigas que le hiciera unas fotos en diferentes sitios para seleccionar luego las más bonitas y ponerlas en la web y en el perfil. Dedicó a ello toda una tarde de sábado y, al final de la noche, ya lo tuvo todo listo para darse de alta en la web.

No pasaron ni veinticuatro horas cuando ya había recibido varias visitas y otras tantas «caritas», «besitos», «flores»..., en fin, toda esa colección de emoticonos que se suelen enviar a los perfiles que te gustan. «Aquí seguro que no encuentro nada», pensaba Laura a medida que revisaba aquellos perfiles que le enviaban solicitudes. «Este no... Este tampoco... Este es muy calvo. Este es muy bajo. Este no tiene estudios... Pero... este no está mal», pensó sin apartar la vista de la pantalla del ordenador. Se trataba de Santiago, un chico de 45 años que le había enviado una solicitud de contacto con un emoticono de un corazón atravesado por una flecha. Era alto, delgado pero atlético y funcionario. Estaba divorciado desde hacía dos años. A Laura le atrajo físicamente, y aquel trabajo fijo que a fin de mes supondría un ingreso seguro fue la guinda del pastel. Así que le contestó e iniciaron una conversación que duró tres horas y que dejaron solo cuando Santiago le dijo que tenía que marcharse a recoger a sus hijas, porque ese fin de semana le tocaban a él, pero quedaron en hablar al día siguiente. A aquellas conversaciones les sucedieron varias más, hasta que, al final, quedaron en verse en persona y allí nació un idilio que les llevó a convivir juntos pocos meses después.

Al principio de la relación, Laura estaba encantada. Ya no se sentía un bicho raro cuando quedaba con la pandilla, porque ella iba con Santiago y, cuando coincidía que a Santiago le tocaba el fin de semana con sus hijas, también las llevaba. Ejercer el papel de mamá le gustaba. Pero, a medida que fueron pasando los meses, Laura se notaba cada vez más inquieta, rara. Se enojaba con Santiago por cualquier cosa y, cuando las niñas de Santiago estaban en casa (dos fines de semana al mes), cualquier pretexto era bueno para salir y dejarlas con su padre. Cada día se veía más distante de Santiago y el amor que sentía al principio acabó desapareciendo casi por completo.

Un día, Laura le dijo a Santiago que tenían que hablar. Le abrió su corazón y le dijo que ya no estaba enamorada y que volvía a su piso. Que se acabó. Santiago escuchó sin decir una palabra y solo le formuló una pregunta: «¿Estuviste alguna vez enamorada de mí?». Laura le respondió con el silencio.

¿Qué ocurrió para que la relación de Laura y Santiago acabase en ruptura?

Pues lo que sucedió es que Laura no tenía claro el tipo de relación que quería. Ella solo sabía que deseaba una relación de pareja por los motivos que hemos visto en la narración, pero no se paró a pensar en cómo era ella (sus gustos, su estilo de vida, sus preferencias, sus anhelos…) ni tampoco en el tipo de vida que quería.

Al principio, Laura estaba feliz porque tenía lo mismo que sus amigas. Pero lo que para una persona puede suponer la plenitud en la vida, para otra puede suponer todo lo contrario. A Laura, por ejemplo, la responsabilidad de las niñas, la casa, las compras al híper los viernes, etc., la saturaron, y entonces se manifestó su auténtico yo.

Nada de esto habría pasado si Laura se hubiera parado a pensar en el tipo de hombre que encajaría con su forma de ser. Ella no deseaba ser madre, le encantaba viajar, salir, era una mujer independiente, deportista. Santiago no cumplía en absoluto con el perfil de hombre que ella necesitaba para que la relación funcionase. Es cierto que Santiago le atrajo físicamente, pero eso no basta.

De esta historia podemos aprender que, si queremos que nuestra relación funcione, es mejor buscar y esperar a encontrar a la persona idónea, antes de lanzarnos a ciegas a una relación con fecha de caducidad.

Lo más importante es averiguar cómo es la relación que queremos y qué buscamos en ella.

La pareja debe ser un espejo de nosotros mismos. Lo verdaderamente importante es no descargar o proyectar en ella todo aquello que no nos gusta de nosotros, sino encontrar en el otro esa parte nuestra que sabemos que nos falta, aquello en lo que flojeamos, ser un tándem, un complemento el uno del otro. En otras palabras, se trata de encontrar a nuestra *perfect match.*

¿Cómo es la pareja ideal?

Hace más de diez años, Galen Buckwalter desarrolló el llamado «algoritmo del amor» para medir la felicidad de las parejas. Su teoría es que las personas deberían coincidir en, al menos, 29 rasgos fundamentales y atributos vitales para poder ser una pareja feliz. También hay quien afirma que una relación de pareja ideal debe contener 8 aspectos básicos:

- Atracción física
- Compatibilidad
- Compenetración recreativa
- Compenetración intelectual
- Compenetración espiritual
- Compenetración emocional
- Compenetración sexual
- Amor incondicional

Puedes estar más o menos de acuerdo con estas teorías, pero lo que es incuestionable es que si quieres encontrar a tu PAREJA en mayúsculas, a tu pareja ideal, debes ponerte a trabajar para conseguirlo.

Además de definir el tipo de relación que deseas, hay otros aspectos que debes tener en cuenta para elegir acertadamente a tu pareja. Voy a mostrarte una serie de cualidades y conceptos que no hay que pasar por alto a la hora de buscar pareja.

Una pareja ideal debe tener...

Buena comunicación

La comunicación es indispensable para mantener una relación. Poder expresar pensamientos, necesidades y sentimientos es de vital importancia para evitar y superar conflictos. En las relaciones de pareja idóneas, los miembros llegan a comunicarse sin hablar, se conocen tanto que no necesitan palabras para saber lo que uno quiere del otro. Una simple mirada puede decirlo todo.

Comodidad mutua

En una relación de pareja idónea, los miembros de la pareja se sienten cómodos el uno con el otro, independientemente del tiempo que lleven juntos. Tu pareja es la persona que comparte tu proyecto de vida, tus emociones y necesidades. Y tú los suyos.

Tolerancia

Las parejas, por muy perfectas que sean, pasan por momentos y días en los que nada es de color rosa y todo adquiere tonos grises, pero, en las relaciones de pareja idóneas, cada miembro de la pareja está ahí para apoyar y comprender al otro y, así, superar juntos los problemas. Porque una pareja no tiene necesariamente que compartir las mismas ideas, pero sí debe compartir objetivos comunes, metas y proyectos.

Calma

Una relación de pareja idónea siempre te aportará calma y seguridad, y logrará que te sientas bien contigo mismo. Es lo que te aportará la confianza.

Afinidad

Compartir aficiones y gustos es algo deseable en cualquier pareja, porque contribuye a unirla más. En las parejas idóneas, puede que las aficiones no compartidas acaben siéndolo con el tiempo, porque descubrir las aficiones de tu pareja contribuye al conocimiento.

La imagen física

Tanto los hombres como las mujeres elegimos a nuestras parejas de acuerdo con ciertos parámetros físicos. Por ejemplo, los hombres prefieren mujeres bien proporcionadas y con rasgos faciales suaves, mientras que las mujeres eligen a hombres fuertes, de hombros amplios y rasgos faciales muy masculinos. Pero esto son solo imágenes mentales y debemos procurar que este punto no prevalezca sobre los demás.

Nivel económico y social

Para muchas personas este es un requisito indispensable a la hora de elegir pareja y habrá que buscarla en un mismo entorno.

Nivel cultural

Se ha demostrado que este es un aspecto que influye mucho en el éxito de las relaciones.

Compromiso

En las relaciones de pareja se debe adquirir un cierto nivel de compromiso, no solo a nivel personal y con la pareja, sino también con la relación. Es necesario saber hasta dónde se está dispuesto a llegar.

Veamos un nuevo ejemplo:

Vicente y Bea llevaban más de año y medio juntos. Se enamoraron y se fueron a compartir piso al mes y medio de conocerse. Ambos pensaban que, en cuestiones de amor, es el destino el que tiene la última palabra, y que todo esto de buscar personas afines y tomarse un tiempo para ir conociéndose antes de empezar a convivir son tonterías. El noviazgo no iba con ellos.

Ella era la que «llevaba los pantalones» en la casa y en la relación, quien tomaba las decisiones importantes. A Vicente le encantaba que así fuera, no le gustaban las preocupaciones y prefería trabajar y darle su sueldo a Bea nada más cobrarlo para que fuera ella quien lo administrara. Se sentía cómodo en una relación que no le daba quebraderos de cabeza.

Pero todo cambió cuando hace unos meses Bea sufrió un accidente grave de tráfico y los médicos le dijeron que tendría que estar postrada en la cama durante bastante tiempo antes de iniciar un largo proceso de rehabilitación.

Ese fue un punto de inflexión en la relación, ya que Vicente no estaba preparado para suplir el papel de Bea y hacer frente a las responsabilidades diarias, además de cuidarla durante su convalecencia. Vicente se dio cuenta de que no estaba realmente preparado para asumir una relación seria de pareja con todo lo que ello implica, y que el amor no lo era todo. Al final, la presión pudo más que el amor y Vicente acabó por romper la relación.

Para Bea fue un duro revés, una herida en el corazón que va sanando poco a poco, igual que las heridas físicas del accidente. Ahora Bea tiene claro que, la próxima vez que esté dispuesta a enamorarse y a compartir su vida con alguien, primero se tomará un tiempo para pensar qué tipo de persona quiere en su vida, qué cualidades y características desea que tenga y qué nivel de compromiso está dispuesta a aceptar.

Soy consciente de que habrá personas que opinen que todo esto es muy poco romántico y demasiado racional; son las mismas que piensan que el amor es ciego y que, como tal, debe ser imprevisible. Sin embargo, en mi opinión, tener un «mapa» de lo que queremos en una pareja es fundamental para evitar perder el tiempo conociendo a personas que poco o nada tienen que ver con nosotros. Dicho de otro modo, si estamos dispuestos a encontrar a nuestra pareja ideal, debemos estar dispuestos a seguir un método que nos conduzca a ella.

Este método está formado por una serie de pasos secuenciales que deben realizarse en orden y que pueden resumirse en esta lista de preguntas:

- ¿Realmente quiero pareja?
- ¿Cómo quiero que sea mi pareja?
- ¿Qué cambios debo hacer en mí para encontrarla?
- ¿Dónde puede estar?
- ¿Cómo la busco?
- ¿Cómo actúo?
- ¿Cómo la enamoro?
- ¿Cómo la mantengo?

De hecho, a veces nos obsesiona tanto encontrar pareja, que olvidamos si estamos preparados para ello, si estamos teniendo en cuenta nuestro carácter y forma de ser o si estamos tomando las decisiones y medidas correctas. El siguiente ejemplo real, te mostrará a lo que me refiero.

Juan Pedro tiene 42 años y se divorció hace tres. Lo suyo con Estela, su mujer, fue un amor a primera vista. La conoció en la universidad y fue lo que la gente llama un flechazo. Los presentó una amiga de ella que, a su vez, era amiga de un amigo de Juan Pedro. Coincidieron en una fiesta en el campus universitario y, nada más conocerse, ambos sintieron una atracción especial e intensa. Pocos días después comenzaron a salir y, aunque eran muy diferentes en cuanto a carácter y forma de ser, en aquel momento no les importaba nada más que estar juntos. Juan Pedro era muy deportista, lo mismo jugaba al tenis que al fútbol, practicaba alpinismo y le encantaba bucear. El carácter de Juan Pedro era desenfadado, alegre y bromista. No es que no se tomara en serio las cosas, sino que siempre intentaba ver el lado positivo de las situaciones. Por su parte, Estela tenía un carácter muy distinto al de Juan Pedro. Era muy buena estudiante y no se dejaba ver mucho en fiestas a menos que la obligase alguna amiga (como ocurrió la noche en que conoció a Juan Pedro). Era tímida, reservada y precavida. Le gustaba tener todo bajo control y mantener las formas. Sus principales aficiones eran las películas de misterio y el violín, instrumento que tocaba desde los 12 años.

Con el paso del tiempo, Juan Pedro y Estela afianzaron su relación, se comprometieron y se casaron dos años después. Estela se quedó embarazada al poco tiempo y, en apenas dos años, pasaron de ser unos estudiantes cuya única responsabilidad era estudiar y disfrutar de los ratos de ocio a ser esposos y padres de Elvira, una niña que requería el tiempo que todo bebé necesita. Al año de nacer Elvira, comenzaron los primeros problemas serios entre Juan Pedro y Estela, y aquellas diferencias de carácter que tiempo atrás no les importaban comenzaron a hacerse enormes. Elvira le recriminaba a él su actitud ante algunas cuestiones, ya que Juan Pedro intentaba minimizar con pequeñas bromas los problemas normales de cualquier hogar, pero eso a Estela le sacaba de sus casillas: «¡No te tomas nada en serio, es insoportable hablar contigo!», le decía Estela. Por su parte, Juan Pedro le recriminaba a ella que nunca mostrara el más mínimo interés por compartir con él un día de buceo o un partido de tenis. Siempre prefería hacer cualquier otra actividad: asistir a algún concierto de violín, quedarse en casa viendo una película en la televisión...

Con el tiempo, esas pequeñas diferencias que al conocerse no habían sido importantes se habían convertido en abismos imposibles de salvar que les llevaron a una ruptura y un divorcio.

Cuando Juan Pedro me dijo que quería volver a tener pareja porque, aunque su matrimonio había fracasado, él creía en las relaciones y pensaba que todo el mundo merece una segunda oportunidad, yo le pregunté: «¿Quieres que te ayude a encontrar una pareja idónea para ti?». Como su respuesta fue afirmativa, comenzamos a trabajar en el método y lo primero que hicimos fue dibujar o definir a la persona ideal para él, a su pareja ideal.

La sorpresa para Juan Pedro llegó cuando, una vez definida paso a paso, resultó que la mujer que en realidad buscaba él no tenía nada en común con la que había sido su esposa. Juan Pedro me definió a su pareja ideal como una persona activa, sociable, alegre, simpática, comprensiva, con quien compartir momentos, a quien le gustara la naturaleza, charlar... También tenía claro que no quería una mujer que tuviera nada que ver con el carácter, estilo y formas de ver la vida de Estela.

Es decir, que todo aquello que al principio de la relación pasaron por alto porque pensaron que eran pequeñeces, con el tiempo, se convirtió en lo que les separó. Ahora Juan Pedro busca una mujer con valores y estilo de vida acordes con su propia vida.

Esta historia nos muestra la importancia de definir bien lo que buscamos, porque eso es lo que vamos a encontrar. Para ser felices tenemos que intentar conocernos primero a nosotros y, después, intentar crearnos una vida compatible, superar nuestros miedos y nuestros fantasmas, y dejar espacio para que entre la pareja que vamos a buscar y encontrar. **Hay que dejar trabajar al corazón, ¡pero siempre bajo la dirección de la cabeza!**

Paso 2

¿Por qué sigo sin pareja?

Hola, tengo 28 años y la verdad es que hace mucho tiempo que me siento sola, vacía. Lo más triste es pensar en las personas que no me eligieron. Tengo gente alrededor, por supuesto: amigos, familia... Pero yo hablo de otra soledad, echo de menos el amor de un hombre, no puedo dejar de pensar que me voy a quedar sola toda la vida. ¿Qué va a ser de mí? ¿Llegará esa persona que busco?

Hola, soy una chica de 32 años, cariñosa pero independiente. Entre semana vivo sola en la ciudad donde trabajo, y los fines de semana me voy a ver a mis padres al pueblo, que está a 36 km de la ciudad. Conozco a mucha gente, pero no consigo encontrar una pareja estable. He tenido varias decepciones amorosas que me han hecho sentir muy sola. Pensaba que había aprendido, pero me encuentro en el mismo punto de partida. Salgo con amigos e intento obligarme, aunque no me apetezca. No sé por qué mis esfuerzos son en balde.

Hola, soy un chico de 36 años y creo que soy demasiado joven para sentirme solo, pero la realidad es que así es. En mi trabajo, a pesar de llevar muchos años con la misma gente, no encuentro mi sitio. Tengo mi propia personalidad y eso no encaja con ellos.

Tengo amigos, pero todos tienen pareja, y yo sigo así... Soy una persona abierta, sociable, alegre, pero todo eso no me funciona... ¿Tan difícil es encontrar una pareja? ¡Si hago todo lo posible!

Hola, tengo 38 años y desde los 27 vivo fuera de España por motivos laborales. Me había acostumbrado a estar solo, a llegar a mi casa y que no hubiera nadie, pero ahora es diferente, echo en falta compañía y tener pareja. Yo pongo todo de mi parte y salgo todos los fines de semana, porque el resto de los días, con el trabajo, ya estoy bastante ocupado. También he abierto un perfil en dos páginas de citas. Quiero encontrar a una chica de quien enamorarme. No pierdo la esperanza de encontrarla.

Todos conocemos testimonios similares, los hemos visto en Internet, en páginas de anuncios, de citas o incluso en algún que otro artículo sobre el tema. Y es que la soledad impuesta es la peor soledad de todas. Estar solo por decisión propia está bien, pero por obligación es otra cosa.

Tendemos a creer que, por tener el día lleno de obligaciones y actividades, la sensación de soledad va a esfumarse como por arte de magia. Creemos que por ir a muchos sitios y hacer muchas cosas, de repente, aparecerá el hombre o la mujer de nuestros sueños. Pues no, no aparece.

No aparece porque no estamos haciendo lo correcto, pero no hay nada que temer. La buena noticia es que tenemos dentro de nosotros los recursos necesarios para lograr esa vida satisfactoria y equilibrada que ansiamos.

Cuando alguien dice: «Por qué, pese a mis esfuerzos, sigo sin pareja?», yo siempre le hago las mismas preguntas: «¿Te escuchas a ti mismo o dependes de los demás, quizá de algún familiar o amigo cercano que te desalienta y pone trabas a tus planes y a tus expectativas?». «¿Te comparan con otras personas cercanas?» Ya es hora de que seas tú quien conduzca el tren de tu vida y no los demás.

Es hora de tomar las riendas

Para tomar las riendas de la situación hay que ir poco a poco y hacerse las preguntas adecuadas.

La primera: ¿Te has parado a pensar que, tal vez, el motivo por el cual no encuentras pareja, a pesar de tus esfuerzos, puede ser tu nivel de expectativas?

Me refiero a que, a lo mejor, esperas conocer a alguien con cualidades muy concretas, y encontrar a una persona que las reúna todas es muy difícil, por no decir imposible. Si piensas así, aunque sea de manera inconsciente, estás perdiendo la oportunidad de conocer a personas interesantes.

Está muy bien, y es correcto, tener una idea clara del tipo de persona que quieres encontrar, pero recuerda ser flexible. Ábrete un poco más y déjate sorprender. Quizá conozcas a alguien que te hará descubrir cosas nuevas y replantearte tus requisitos.

Otras veces, y de manera inconsciente, alimentamos ideas que nos limitan. Por ejemplo, frases como «Se me ha pasado el arroz», «Con mi edad, para vestir santos», «Todas las mujeres interesantes están emparejadas», «Todos los hombres son iguales y no buscan nada serio», etc., hacen que veamos la vida como una calle de una sola dirección. Pero la vida es una calle de dos direcciones, es decir, que no importa la edad que tengas, tu situación personal, tu físico... Si realmente quieres encontrar pareja y enamorarte, no hay más barreras ni obstáculos que aquellos que te impongas tú.

Reflexiona sobre el porqué de estos pensamientos e ideas. ¿Tienen alguna base? Rebátelos con ejemplos de personas que conozcas que hayan conseguido tener una relación estable a pesar de su edad, situación, etc. Observa cómo se sienten y analiza en qué situaciones conocieron a su pareja.

También es habitual que, cuando te esfuerzas por encontrar pareja y ves que nada de lo que haces funciona, tu estado de ánimo se resienta. Es normal sentirse abatido y triste por no lograr encontrar al hombre o la mujer de tus sueños. Pero, si te encuentras en este punto, ¡debes cambiarlo! Piensa que, cuando alguien está triste y deprimido, eso se transmite. Tu rostro, tu forma de caminar, de actuar e incluso tus palabras te delatan, y nadie quiere tomarse la molestia de conocer a alguien así. Piénsalo: ¿tú querrías estar con una persona a la que ves cabizbaja y deprimida?

Cuando buscas pareja, buscas la felicidad, y para ser felices debemos rodearnos de personas que transmitan alegría y optimismo.

En primer lugar, acepta que estás mal de ánimo, analiza por qué y cancela ese pensamiento. A continuación, busca en tu día a día pequeñas cosas que te hagan sonreír. Una vez al día, cierra los ojos y visualízate feliz y con la vida que quieres: pareja, hijos, hogar. Siéntelo como si ya la tuvieras. Realiza este ejercicio como mínimo durante 5 minutos cada día. Cuando salgas a la calle, hazlo con una sonrisa y la cabeza alta y erguida. Deja que te vean y disfruta socializando. Recuerda que, cuando nuestro único objetivo es encontrar pareja, eso se nota, y los demás pueden captar cierta desesperación que no resulta atractiva. Por eso, evita en la medida de lo posible repetir lo mal que estás sin pareja y las ganas que tienes de tener una. Recuerda siempre que lo negativo no atrae. Al contrario: repele. Lo mejor que puedes hacer es comentar que, si conocieras a alguien que te gustase de verdad, te encantaría tener una relación de pareja. Pero solo si esa persona te gusta de verdad. Así todo el mundo sabrá que no te conformas con lo primero que llega y aumentarás tu valor personal.

Voy a contarte una historia que seguro que te ayudará a comprender mejor lo que quiero decir:

Lucía pensaba que a sus 49 años, divorciada y con dos fracasos sentimentales a las espaldas, lo de encontrar pareja y tener una relación estable y feliz era algo impensable. Sabía que el «final feliz» era algo que no le había tocado en la lotería de la vida y que era un juego para el que ya no le quedaban más números. Se levantaba cada mañana, se miraba en el espejo y se repetía: «Qué mayor me veo, esta arruga está más marcada, ¡anda! ¡Una cana nueva!». Lucía tenía muy claro que todos los hombres interesantes ya estaban cogidos y que, por su edad, los que quedaban o bien buscaban solo un rollo o estaban «mal casados». Sí, «mal casados» era el término que utilizaba para referirse a los que se quitaban el anillo para salir los viernes (porque a sus mujeres les ponen la excusa de reuniones de cierre de semana o de personal) sin percatarse de que les queda la marca en el dedo. Otra cosa es que a ella no le importe tontear con ellos, pero siempre teniendo claro lo que hay. Así que Lucía solía decir que, a su edad, o coges lo que queda o te quedas sola.

Lucía era jefa de sección de unos grandes almacenes y, además, la única de la planta que no estaba casada ni tenía relación estable. Había otras compañeras divorciadas, pero con relaciones. Unas más serias que otras, cierto, pero enamoradas al fin y al cabo. Cuando salían a almorzar en el turno de las 11, Lucía y tres compañeras solían ir a un bar cercano donde el tema de conversación siempre giraba en torno a lo mismo: hombres y lo mal que está el mercado. «Yo lo tengo claro —decía Lucía—, después de dos fracasos como los míos, no creo en el amor ni en volver a enamorarme. Además, si por casualidad algún día ocurriera, tendría que ser con alguien que me guste de verdad, que me atraiga mucho y que merezca la pena. No me voy a conformar con el primero que pase. Ya me ocurrió con mi ex (el último), que empecé la relación por no estar sola y, la verdad, ¡mira cómo acabé! No. Si alguna vez me enamoro, será de verdad, porque si no es así, prefiero estar sola.» Tras las afirmaciones y comentarios de las demás compañeras, Lucía asentía y, mientras terminaba su pincho de tortilla, añadía: «Antes tenía claro que solo quería hombres de nivel, pero, viendo el panorama, a veces pienso que he dejado escapar alguna que otra oportunidad. Aunque de todo se aprende». Después se levantaban de la mesa para dirigirse a la barra, donde las esperaba siempre Isidro, el dueño del bar, al que todas conocían, un hombre de 56 años, delgado y con unas entradas algo más profundas de lo normal, pero con una sonrisa que le iluminaba el rostro. A Isidro le gustaba Lucía desde hacía mucho tiempo, pero nunca se había atrevido a decirle nada hasta que, un día, no pudo evitar escuchar la conversación entre las amigas y, tras pensarlo dos veces, miró a Lucía y dijo:

—Lucía, ven que te cobre antes de que me detengan por apropiación indebida.

—¿Apropiación indebida? —preguntó Lucía.

—Sí —dijo Isidro—, porque me voy a quedar con esos ojazos que tienes, que iluminan este bar.

Lucía se ruborizó un poco, de hecho, supo al momento que la sensación de calor en sus mejillas, esta vez, no la habían provocado los sofocos de la premenopausia.

A partir de ese día, Lucía se fijó un poco más en Isidro, algo que hasta la fecha, pese a llevar tres años almorzando en aquel bar, no había hecho nunca. Jamás había reparado en Isidro como hombre. En los días sucesivos fueron intimando un poco más y, un viernes, Isidro le dijo a Lucía si le apetecía acompañarlo ese domingo a una concentración de motos antiguas (su *hobby*), a lo que Lucía respondió afirmativamente, ya que sus fines de semana no solían ser muy diferentes unos de otros. Tras aquel domingo, Lucía e Isidro empezaron a verse fuera del trabajo con más asiduidad, hasta que, de repente, un día ella, al levantarse y mirarse en el espejo como siempre, ya no se buscó canas ni midió la profundidad de sus arrugas. No se vio mayor. Se miró y vio a una mujer enamorada y feliz.

Con esta historia podemos apreciar lo importante que es ser realistas, bajar nuestro nivel de expectativas y abrir los ojos a nuevas posibilidades, así como la importancia de ponernos en valor y no mostrar nuestra desesperación por encontrar pareja.

En ocasiones, me encuentro con personas que me dicen: «Qué mala suerte tengo en el amor», a lo que yo siempre respondo que esconderse tras esa afirmación no es más que vivir la vida de forma conformista. Sí, así es. Se encuentran en una situación concreta que les genera frustración, pero prefieren decir: «¡Qué se le va a hacer, siempre me pasa igual!». Supongo que, en el fondo, dejar pasar el tiempo es más sencillo que pararse a pensar: «¿Estoy haciendo algo mal?». «¿Puedo mejorar algo?» «¿Qué otras cosas podría hacer?» «¿Me atrevería a hacer algo diferente?» Si yo ahora te preguntase qué haces exactamente para seguir, a pesar de tus esfuerzos, sin pareja, ¿qué me dirías?

Hagamos la prueba. Escribe a continuación una lista con todas aquellas cosas que haces para intentar encontrar pareja:

1 ....
2 ....
3 ....
4 ....
5 ....
6 ....
7 ....
8 ....

¿Te sobran líneas o te faltan?

¿De verdad quiero una relación de pareja?

Las relaciones personales y de pareja no son tan distintas de otros ámbitos de nuestra vida. Igual que dudamos o hemos dudado sobre qué estudiar, qué coche comprar o qué ropa nos sienta mejor, hay personas que no saben qué quieren para su vida y dudan ante el compromiso. A algunos les aterra la idea de la soledad y se embarcan en relaciones de pareja para huir de ella, por la compañía y el sexo, para olvidar a alguien... Pero debemos ser consecuentes y sinceros y preguntarnos lo siguiente:

- ¿Quiero una relación de pareja?
- Si es que sí, ¿para qué la quiero? (Es importante el matiz, la pregunta no es por qué la quiero, sino para qué. Profundizaremos en ello más adelante.)

Me considero una *single* feliz y satisfecha con mi vida, hasta ahora no me había preocupado el hecho de tener o no una relación de pareja estable, pero últimamente pienso que tener pareja y formar una familia es algo que cada vez me apetece más. El problema es que, ahora que realmente quiero pareja, no sé por dónde empezar a buscar ni cómo acertar.

Así comenzaba nuestra conversación Carla, una chica de 37 años que se había interesado por el método *Love* para encontrar pareja. Carla me explicó que cuando en algún momento, años atrás, se había parado a pensar en el hecho de tener pareja, una parte de su mente le había dicho: «¿Por qué no?». Pero que, automáticamente, la otra parte, respondía: «¿En serio quieres tener una pareja y perder todo aquello que has conseguido hasta ahora? ¿Realmente te compensa meter a alguien en tu vida y que las decisiones sean cosa de dos, en vez de solo tuyas?». Y llegados a ese punto desechaba inmediatamente la idea de tener pareja. ¿Cuál era el problema? En ese caso, el miedo a perder su independencia, a dejar de tomar decisiones sin que otra persona sea partícipe de ellas y la idea errónea de que una pareja cambiará nuestro estilo de vida.

Cuando una parte de nosotros quiere tener a alguien a su lado con quien compartir momentos y una vida en común, pero otra parte nos da un tirón de orejas y nos dice que es una locura porque vamos a perder nuestra independencia y lo que hemos conseguido, estamos dejando que nos domine nuestra parte más egoísta. Me explico. Tener pareja no es dejar que alguien nos robe lo que tenemos, o que nos recluya, o que tome decisiones por nosotros. Tener pareja es amar a alguien por lo que es y por lo que somos nosotros cuando estamos con esa persona, por lo que nos hace sentir. Es compartir y, al mismo tiempo, dejar espacio al otro, tomar decisiones de mutuo acuerdo sabiendo que compensa a ambos.

Sin embargo, cuando alguien no soporta la idea de compartir decisiones, de compartir sus cosas, su tiempo o su espacio, y no está dispuesto a ceder, tal vez, aunque diga que le gustaría encontrar a alguien, su cabeza y su corazón tienen ideas distintas. Estas personas son individualistas.

Ser individualista está bien durante un tiempo, pero suele llegar un momento en la vida en el que las personas se plantean el futuro de otra manera y le piden más. Es entonces cuando la figura de la pareja empieza a tomar cada vez más fuerza y se puede pasar de no querer atarse a nadie a querer encontrar el amor y la felicidad junto a alguien.

De modo que el primer paso es saber si has llegado a ese punto de tu vida. Para saberlo, despejar cualquier duda y empezar a marcar el camino a seguir voy a proponerte 8 preguntas. Si respondes correctamente a todas ellas, ¡enhorabuena!, ha llegado el momento de emprender el viaje en busca de tu *Perfect Match*. En caso contrario, te explicaré qué significa y te daré algunos consejos al respecto.

Empecemos.

TEST: ¿HA LLEGADO EL MOMENTO DE BUSCAR A MI *PERFECT MATCH*?

Marca con una «X» tus respuestas.

1. ¿Te sientes completo y preparado para compartir lo que eres? **SÍ** ☐ **NO** ☐

Hay personas que creen que toda la felicidad que merecen se la va a dar el hecho de encontrar a su media naranja, que esta llegará para cambiarles la vida. Tal vez sea así, pero no lograrás ser plenamente feliz si antes no te sientes feliz contigo (recuerda lo que hemos dicho antes sobre las naranjas completas).

Es un error muy común pensar que tu felicidad provendrá exclusivamente de tu pareja. Pero no es así. Debes cuidar otras facetas de tu vida como la familia, los amigos, las aficiones, el trabajo, etc., porque todas ellas contribuyen a estabilizar tu vida y evitan que tu felicidad dependa al cien por cien de tu pareja o del hecho de encontrarla. Solo cuando no necesites una media naranja para ser feliz podrás estar seguro de que realmente quieres una pareja.

La respuesta correcta es **SÍ**. Si tu respuesta ha sido **NO**, antes de iniciar una búsqueda de pareja, deberías revisar por qué lo haces si no estás listo para compartir lo que eres. Hazte esta pregunta: «¿Qué falta en mi vida, al margen de una pareja, para sentirme completo?». Dicho esto, ¿cuál es tu prioridad?

2. Quieres crear un plan de vida que incluye formar una pareja. ¿Estás dispuesto a cierto nivel de compromiso y constancia? **SÍ** ☐ **NO** ☐

Debes tener claro que tener pareja implica cierto grado de compromiso mientras dure la relación. Debes aprender a saber esperar y a no ser impaciente, ya que los proyectos, sean cuales sean, requieren algo de esfuerzo y constancia. En un plan de vida individual podrás elegir y encaminar tu vida como quieras, pero recuerda que tener pareja es contar con un proyecto de vida en común.

La respuesta correcta es **SÍ**. Si has contestado **NO,** debes saber que el miedo al compromiso está ligado con la inseguridad, y no hablo solo del miedo al compromiso con otra persona, sino también al miedo al compromiso con uno mismo. Ese miedo es como una pompa de jabón dentro de la cual nos sentimos seguros y creemos que cualquier cambio puede hacer estallar la bomba y dejarnos emocionalmente expuestos. Este miedo puede tener distintos orígenes. Voy a proponerte una serie de frases para que señales aquellas con las que más te identificas:

- He tenido malas experiencias en el pasado.
- Me considero muy independiente y temo los cambios.
- Me considero una persona con algunas (o muchas) inseguridades.
- Me cuesta expresar mis emociones normalmente.

¿Has señalado por lo menos dos de ellas? Si es así, tienes predisposición a tener miedo al compromiso. Voy a proponerte un ejercicio para aprender a superar ese miedo.

- Escribe una lista con todos los temores que te surgen cuando piensas en una relación, por ejemplo, perder tu independencia.
- A continuación, escribe otra lista con los puntos positivos que tiene una relación de pareja.
- Compara ambas listas y piensa: si las pusieras en una balanza, ¿cuál pesaría más?
- Ten siempre a mano estas listas y revísalas cuando te entren dudas.

3. Crees que el amor existe, pero ¿sabes qué carácter y cualidades deseas en la otra persona? ¿Y lo que puedes ofrecer tú como pareja? **SÍ** ☐ **NO** ☐

Esto es lo que yo llamo «la tripe E», El Efecto Espejo. Tener un nivel de compatibilidad alto es esencial para que una relación de pareja tenga éxito. Debes saber qué esperas de una relación y qué buscas en la misma. Debes mostrarte como eres, ser consciente de lo que eres (por ejemplo, si te consideras una persona muy habladora o desordenada, no puedes recriminarle a tu pareja que hable mucho o que sea desordenado, cuando no le ofreces lo mismo) y no iniciar una relación esperando que la otra persona cambie algo que no te gusta. Debes convertirte en el espejo de lo que deseas atraer. O de la persona que deseas encontrar.

La respuesta correcta es **SÍ**. Si has contestado **NO**, ¡no te preocupes! En el siguiente capítulo dedicaremos una parte a elaborar el perfil de pareja que buscamos. Y el que nosotros ofrecemos.

4. ¿Piensas que la pareja es un tándem? **SÍ** ☐ **NO** ☐

En una relación, ambos miembros deben aportar según su experiencia y lo que hayan aprendido a lo largo de los años. La idea es formar equipo, ya que la pareja es la persona a quien eliges voluntariamente para acompañarte en la vida.

La respuesta correcta es **SÍ**. Si has contestado **NO**, tal vez deberías plantearte las siguientes preguntas y reflexionar sobre tus respuestas.

- ¿Qué deseo en mi vida personal en un futuro?
- Cuando pienso en tener una relación estable, ¿cuál es mi reacción? ¿Cómo me siento?

- ¿Estoy dispuesto a compartir mi tiempo y dinero con otra persona?
- ¿Estoy dispuesto a ceder en algunos puntos?

5. No crees en el príncipe o la princesa del cuento: sabes que el hombre o la mujer ideal no existe, porque todos tenemos defectos. Basándote en eso: ¿eres consciente de que la comunicación será primordial en una nueva relación? **SÍ** ☐ **NO** ☐

La comunicación va más allá de hablar mucho o poco, o no hablar en absoluto. La comunicación tiene que ver con lo que se dice y con cómo se dice. La mayoría de los errores que se cometen en las relaciones de pareja tienen su origen en la mala comunicación. Es necesario aprender a manifestar a la pareja los propios deseos y necesidades y no esperar a que esta los adivine. También hay que tener en cuenta el modo en que nos comunicamos con nuestra pareja, para evitar caer en las faltas de respeto.

La respuesta correcta es **SÍ**. Si has contestado **NO,** te voy a dar 5 consejos o *love notes* que te ayudarán a mejorar la comunicación con tu pareja.

Para disfrutar de una buena comunicación con tu pareja es imprescindible que aprendas a conversar, negociar y ceder para alcanzar acuerdos.

Cuando surjan discusiones, no las evadas, afróntalas con tacto, calma y tranquilidad. Frases como: «No quiero discutir», «No quiero tocar ese tema» o «Dejémoslo para luego» indican que algo falla en la comunicación.

Aprende a confiar en tu pareja y a expresar tus sentimientos; si esto falla, fallará todo lo demás.

Practica la empatía, es decir, ponte en la piel de tu pareja e intenta ver las cosas también desde su punto de vista.

No intentes adivinar lo que piensa tu pareja, así evitarás equívocos y malos entendidos. Intenta utilizar el lenguaje no verbal para que la comunicación sea más positiva (mantén el contacto visual, sonríe, tócale el brazo, la mano...).

6. ¿Necesitas una pareja para conseguir lo que quieres? **SÍ** ☐ **NO** ☐

No puedes pretender que tu pareja rellene tus vacíos emocionales, ya que si la otra persona no responde a tus necesidades eso te creará más infelicidad. Tienes que ser independiente emocionalmente, de lo contrario dependerás emocionalmente de tu pareja (o al contrario), y ese es un camino que solo nos llevará al desgaste y al distanciamiento.

La respuesta correcta es **NO**. Si has contestado **SÍ** quiero que te pares a pensar un momento en por qué estás buscando pareja. Hay personas que no saben darse a sí mismos aquello que necesitan y buscan pareja con el objetivo inconsciente de que esta les aporte aquello que les falta. Si buscas pareja, no lo hagas exclusivamente por conseguir la felicidad personal, hazlo para lograr la felicidad conjunta.

7. ¿Respetas los tiempos de la relación? **SÍ** ☐ **NO** ☐

Es muy importante no apresurarse cuando se empieza a conocer a alguien, hay que darse el tiempo necesario para descubrir y conocer al otro. Es útil establecer límites y pequeñas metas hasta que la sensación de querer avanzar en la relación sea mutua. En el mundo de la pareja y las relaciones el deseo de ir muy deprisa generalmente te hace tropezar. Lo mejor es ir con calma.

La respuesta correcta es **SÍ.** Si has contestado **NO**, mi consejo es que te tomes las cosas con más tranquilidad. Si quieres triunfar en una relación, es básico conservar la calma al principio. Hay que darse tiempo de conocer a la otra persona y no quemar etapas por querer llegar antes al final. Debes aprender a tener paciencia y enseguida verás que es mucho más emocionante y positivo ir descubriendo cosas nuevas cada día.

8. ¿Sabes que en toda buena relación deben respetarse los espacios? **SÍ** ☐ **NO** ☐

En ocasiones, necesitamos un rato de desconexión de la pareja: para tomar un café con amigas, ver un partido con amigos, salir de compras... Y esto no debe tener como consecuencia una discusión posterior. Hay personas que piensan que las parejas deben hacerlo todo juntos, que la felicidad consiste en no separarse ni un momento. Pero esto no es saludable para la relación a largo plazo. Es aconsejable saber disfrutar de algunos momentos de soledad y de hacer cosas en solitario. Eso no es traicionar a la pareja, es ser uno mismo.

La respuesta correcta es **SÍ**. Si has contestado **NO,** debes comprender que tener pareja no debería limitarte como persona, es decir, que los miembros de una pareja deberían conservar siempre una identidad propia y seguir manteniendo esos proyectos y aficiones que tanto les pueden gustar individualmente. Estas actividades (salir con los amigos, pintar, practicar deporte, etc.) forman parte del espacio personal de cada uno y aportan felicidad aparte de aquella que se obtiene de la pareja. El espacio individual y el de pareja no deben estar reñidos.

Para acabar, y antes de emprender nuestra ruta hacia el amor, te propongo reflexionar un momento acerca de tus deseos y perspectivas con respecto a las relaciones.

MIS DESEOS

Señala aquello que deseas para ti en relación a una pareja:

Aunque tenga pareja deseo:

- ☐ amigos
- ☐ independencia
- ☐ libertad para decidir
- ☐ tiempo libre
- ☐ éxito
- ☐ economía propia

Añade a la lista lo que creas que falta y pregúntate si no lograrlo haría que quisieras menos a tu pareja, o si lograrlo haría que la quisieras más.

Deseo que mi pareja tenga:

- ☐ amigos
- ☐ independencia
- ☐ libertad para decidir
- ☐ tiempo libre
- ☐ éxito
- ☐ economía propia

¿Crees que tus deseos para ti y para tu pareja están equilibrados?

¿Crees que tal vez deberías plantearte algún cambio en lo que quieres y esperas?

Paso 3

Cómo crear tu plan de ruta al amor

Para alcanzar el amor, como para tantas otras cosas, no basta con tener claro el objetivo. También necesitamos un plan preciso, de lo contrario, nuestros esfuerzos están condenados al fracaso. En este apartado, te explicaré paso a paso cómo elaborar tu plan de acción para alcanzar con éxito tu objetivo. En realidad, es muy sencillo. Lo único que debes tener en cuenta es que cuanto más concretos, específicos y medibles sean los pasos y los objetivos, más fácil será alcanzarlos.

Debes dedicar todo el tiempo que necesites a establecer tu plan de acción y, una vez lo hayas elaborado, tenerlo siempre a mano para revisarlo con frecuencia y comprobar tus avances.

El plan de acción

Establece tu **objetivo** y una **fecha límite** para conseguirlo. Es muy importante que este objetivo sea **realista** y lo más **detallado** posible.

Por ejemplo, conseguir citas, una relación de pareja, casarte, hacer nuevos amigos... en un plazo de doce meses.

Determina los **medios** que vas a utilizar para alcanzar tu objetivo y qué **pasos** vas a dar para lograrlo. Cada uno de estos pasos debe contar, a su vez, con un plazo.

Por ejemplo, si tu objetivo es tener una relación de pareja en un plazo de 12 meses, estos son los pasos que podrías seguir:

1. Obtener citas.
   — Determinar el medio por el que voy a lograr esas citas.
2. Decidir qué citas son las más importantes.
3. Después de cada cita:
   — Decidir qué valores han sido los más importantes.
   — Decidir qué semejanzas tengo con esa persona.
   — Decidir qué visión de futuro tengo con esa persona.
4. Comparar cada cita con mi lista de características que busco en una pareja y ver cuál cumple con más requisitos.
5. Decidir a quién quiero como pareja.

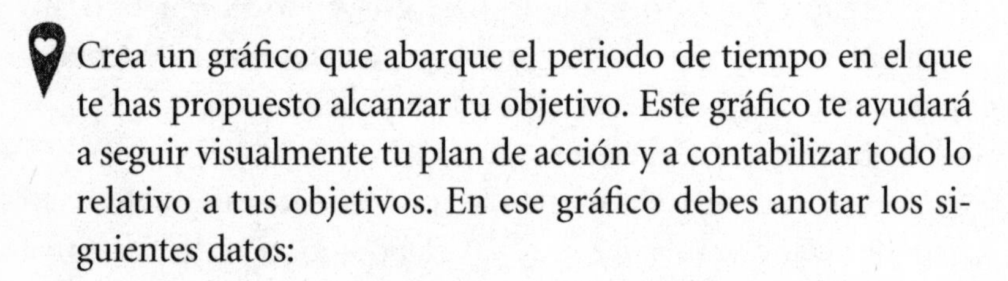

Crea un gráfico que abarque el periodo de tiempo en el que te has propuesto alcanzar tu objetivo. Este gráfico te ayudará a seguir visualmente tu plan de acción y a contabilizar todo lo relativo a tus objetivos. En ese gráfico debes anotar los siguientes datos:

1. Número de veces que sales a conocer gente.
2. Número de veces que has contestado a algún anuncio.
3. Número de citas que has tenido.
4. Número de veces que revisas y perfilas tus perfiles sociales o en webs de citas.
5. Actividades nuevas que has añadido a tu vida (nuevo gimnasio, clases de baile, clubes, etc.).
6. Número de amistades a quienes les has pedido que te presenten a otras amistades.
7. Etc.

Así, te será muy fácil poner al lado de cada objetivo la información sobre si lo has alcanzado, el número de veces que lo has realizado (si procede) y los motivos.

Añade imágenes al plan de acción. Busca fotografías o imágenes que representen para ti aquello que buscas alcanzar con el plan, e incorpóralas al documento, así crearás una imagen de tu objetivo que te servirá como motivación.

Por ejemplo, si quieres tener una relación de pareja en un plazo de 12 meses, debes poner fotos o imágenes de parejas felices, parejas viajando, con niños, perro, casa…, en función del estilo de vida que quieras llevar con tu futura pareja. Recuerda que vale todo: fotografías de revistas, postales, imágenes de Internet. ¡Cualquier cosa que te inspire!

Crea una lista de recursos para lograr objetivos.

Por ejemplo, y siguiendo con el paso 2, la lista de recursos para obtener citas podría ser:

- Llamar a mis amigas y amigos y pedirles que me presenten personas de su entorno que estén libres.
- Llamar a las amigas y amigos de la infancia para retomar contacto y quedar. Pueden presentarme gente.
- Crear un perfil en una web de citas.
- Poner un anuncio en Internet.
- Apuntarme a una agencia matrimonial.
- Apuntarme a un club de ocio.

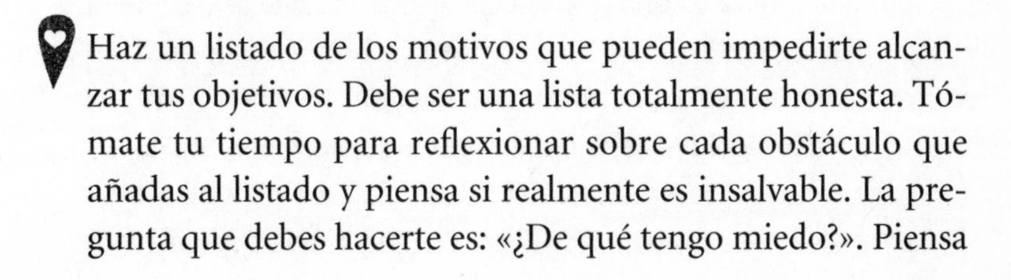

Haz un listado de los motivos que pueden impedirte alcanzar tus objetivos. Debe ser una lista totalmente honesta. Tómate tu tiempo para reflexionar sobre cada obstáculo que añadas al listado y piensa si realmente es insalvable. La pregunta que debes hacerte es: «¿De qué tengo miedo?». Piensa que al anotar estos miedos y bloqueos en el plan, se convierten en objetivos que superar.

La constancia es lo más importante

Hay personas que crean su plan de acción de forma entusiasta, pero con objetivos muy poco realistas. Se lo toman como un juego y no como la herramienta que es. Otras hacen su plan, lo olvidan en un cajón y no vuelven a consultarlo jamás. Y algunas comienzan a trabajar siguiendo el plan pero no son constantes o, peor aún, se rinden en cuanto encuentran un paso difícil o que se les resiste.

Para evitar todo esto comprométete con acciones semanales. Por ejemplo: salir con alguien la próxima semana. A continuación, pregúntate: «¿Qué acciones debo realizar durante la semana para alcanzar mi objetivo?». «¿Debo pedir ayuda para lograrlo?»

Si eres capaz de comprometerte contigo y con tu **plan de ruta al amor** y alcanzar los objetivos semanales que te fijes, en poco tiempo lograrás cambios en tu vida que te irán acercando a tu *perfect match.*

Como siempre, voy a mostrártelo con un ejemplo real:

Me llamo Paula y tengo 38 años. Debo reconocer que después de varios intentos frustrados de conocer a alguien compatible y un par de desengaños amorosos, había tirado la toalla respecto a la idea de establecer una relación de pareja estable. Llevaba dos años sola y estaba convencida de que seguiría así, envuelta en una terrible soledad. Yo creo que el ser humano no está hecho para vivir solo, porque a mí se me caía la casa encima.

Una amiga del trabajo me contó que ella siempre planificaba todo lo que hacía, que sin tener claro un plan de acción para cada cosa (trabajo, estudios, etc.) no habría podido avanzar. Me comentó que había adquirido ese hábito a raíz de haber seguido algunas sesiones de *coaching* con un *coach* personal y me dijo que, si a ella le había servido para encauzar su vida laboral, ¿por qué no me habría de funcionar a mí en mi vida sentimental? Así que me animó a buscar un *love coach* y pedir información.

Al principio me reí y pensé: ¿un entrenador personal para encontrar pareja? ¿Pero eso existe? Pero luego me dije que no tenía nada que perder por probar. Y me puse a buscar como loca un *love coach* en Internet. No paré hasta dar con uno que tenía una frase muy bonita en su web, que me llamó la atención: «¿Estás preparada para el amor?». Yo pensé: «Es esta» y así, sin pensarlo más, le escribí un correo electrónico explicándole un poco lo desastrosa que había sido mi vida sentimental hasta la fecha. Lo cierto es que me lo curré. Cuando terminé de escribir y le di a «enviar» caí en la cuenta de la extensión del correo. «¡Dios mío! —pensé—, ¿cómo me enrollo tanto? ¡Paula, estás mal!»

Al día siguiente tenía un correo de respuesta de la *love coach* en el que me invitaba a tomar un café y a tener una entrevista previa sin compromiso. Me dijo que para ella era vital conectar empáticamente con las personas a las que ayuda, y así lo hicimos. Quedamos esa misma tarde a las cinco en la cafetería que hay frente a Correos.

Llegué puntual y ella ya estaba esperando; la primera impresión fue muy buena, era una mujer muy simpática y con una imagen muy profesional. Estuvimos cerca de una hora hablando. En ese tiempo la puse al corriente de mi currículum amoroso y ella me explicó cómo trabajaríamos. Entre otras cosas, me dijo que una de las primeras que haríamos, si me decidía a iniciar las sesiones, sería crear un mapa de ruta al amor, porque, si no sabíamos dónde queríamos ir, difícilmente podríamos llegar.

Me gustó mucho la conversación que mantuvimos y decidí comenzar con algunas sesiones y ver cómo evolucionaba.

Comencé a dejarme guiar, creé mi plan de acción detallado y adquirí el compromiso de seguirlo. Empecé a hacer cosas muy diferentes, algunas que ni siquiera se me habrían ocurrido nunca (por ejemplo, apuntarme a un club de billar) y surgió la magia. Una de las cosas nuevas que introduje en mi vida fue asistir a clases de esgrima, que era algo que siempre me había llamado la atención, pero que jamás había pensado aprender. Jaime era mi profesor, tenía 44 años y era el hombre más atractivo que había visto nunca. Tal vez fuera por el deporte, pero me pareció muy guapo.

Conectamos desde el minuto uno y, como yo iba a última hora (de 21:30 a 22:30), solíamos tomar una cerveza juntos después de clase, antes de irnos a casa. Así entablamos una relación de complicidad, ¡teníamos tantas cosas en común! Él estaba separado desde hacía 10 años y no había vuelto a tener nada serio con nadie, me decía que todavía no había encontrado a su alma gemela.

Después de dos semanas de encuentros a punta de espada (esgrima), de conversaciones en el bar y charlas por teléfono, él decidió dar un paso más y una noche al salir de clase me dijo: «Hoy vamos a tomar la caña a otro sitio que conozco cerca, vamos en mi coche». Yo asentí y le dije que me fiaba de sus gustos. Entramos en el coche; al cerrar la puerta y volverme, él me envolvió con un brazo mientras me sujetaba la cara con la otra mano y me dio el beso más bonito, romántico y apasionado de toda mi vida.

Éramos dos personas independientes, estables, centradas y que buscaban lo mismo: amor, y algo me dijo en ese instante que lo habíamos encontrado. Decidimos conocernos poco a poco y, de repente, todo fue como si nos conociéramos de siempre: nos gustaban las mismas cosas, nos reíamos juntos, incluso bromeábamos sobre cómo no nos habíamos encontrado antes porque había muchos sitios que ambos habíamos frecuentado. Después de tanto buscar, allí estaba él: Ismael. Hace dos días me levanté, cogí el teléfono, llamé a mi *love coach* y le dije: «¡Tengo pareja!».

¿Qué me impide encontrar pareja?

A menudo es nuestro pasado el que nos impide encontrar pareja. Te voy a mostrar un par de ejemplos:

> Comenzamos a salir y todo era perfecto, él era atento, me colmaba de atenciones, tenía detalles, pero con los meses todo fue cambiando poco a poco. Empezó a quedar más con sus amigos y a pasar menos tiempo conmigo, las llamadas se iban espaciando, hasta que al final todo se estropeó y rompimos.

> Cuando conocí a mi novia era una chica encantadora, simpática y alegre, pero después de un tiempo dejó de ser la chica de la que me enamoré. Al final, la relación se hizo tan insoportable que terminamos dejándolo.

Quizá te identificas con estos testimonios. Las rupturas siempre son difíciles. Responde con sinceridad: «¿Cuántas veces te ha pasado?». Aunque quizá la respuesta es: «Este no es mi caso porque yo nunca he tenido ninguna relación, así que tampoco he tenido ninguna ruptura». En cualquiera de los dos ejemplos, tu pasado te está impidiendo hacer borrón y cuenta nueva.

En el primer caso, es muy típico contar una y otra vez a amigos y familia la historia de la relación truncada sin pensar que, cada vez que lo haces, la revives y entras en un círculo vicioso de frustración que te impide rehacer tu vida y encontrar una nueva pareja.

En el segundo caso, debes ser sincero contigo mismo y responder a la pregunta de por qué no has tenido jamás una relación. Me dirás que por falta de tiempo, debido a los estudios, por exceso de trabajo, porque no has encontrado a nadie interesante, pero sabes que en el fondo eso son solo excusas. En la gran mayoría de los casos, el porqué es el miedo a enamorarse, el miedo a sufrir desamor, quizá porque hemos vivido situaciones semejantes en gente cercana que nos han marcado de alguna forma.

En ambos casos, te estás **autosaboteando** de manera inconsciente.

¿Cómo vas a volver a enamorarte o enamorarte por primera vez y tener una relación de pareja si solo piensas en las amarguras del pasado? Al centrarte en lo negativo, olvidas lo positivo, y lo positivo es que es posible atraer a la persona correcta si primero enfocas tus pensamientos en aquello que deseas y no en lo que **no** deseas. Hay muchas personas, hombres y mujeres, con vidas cómodas y estructuradas, que son simpáticos, agradables, con cultura y, sin embargo, se sienten solos. No se ven con capacidad para conocer gente o hacer amigos nuevos. Mucho menos para tener pareja estable. Tienden a pensar que algo no funciona.

Y así es, por supuesto. Son sus barreras del inconsciente. Esas corazas, esos muros de protección que construimos y que, a menudo, tienen mucho que ver con nuestros miedos, nuestras vergüenzas y nuestra autoestima. La raíz de todo está en las heridas del pasado, en aquella historia sentimental que nos dejó huella y que no hemos sido capaces de superar, aunque nos cueste admitirlo.

Los miedos

A menudo, nuestros miedos actúan como frenos que no nos permiten alcanzar aquello con lo que soñamos. Déjame que te presente los tres tipos de miedo más habituales y la forma de enfrentarte a ellos:

Miedo al rechazo

Arriesga y toma tus propias decisiones. Si en ocasiones recibes algún tipo de rechazo, no te lo tomes como algo personal, plantéatelo como un reto personal a superar.

Miedo a confiar en otras personas

La desconfianza que sientes puede deberse a circunstancias personales anteriores, pero no puede ser un obstáculo para encontrar el amor. Si quieres romper esa barrera deberás aprender a ser paciente y tolerante.

Miedo al abandono

Esta es una de las peores barreras, porque la persona que teme el abandono es capaz de abandonar ella antes, precisamente a causa de ese miedo. También puede malinterpretar ciertas acciones y acabar por romper una relación sin un motivo grave que lo justifique. La raíz del miedo al abandono es el miedo a la soledad, y es contra el que hay que luchar.

Huir de la soledad

Si yo ahora te pregunto: «¿Quieres seguir sin pareja?», seguramente tu respuesta será NO. Por eso voy a mostrarte las **tres llaves básicas para alejarte de la soledad** y acercarte más a la situación que te llevará a conocer a tu pareja idónea.

1ª Llave

Al contrario de lo que piensas, **aislarte del mundo no es una protección**, ni va a hacer tu vida más fácil. Al contrario. Evita quedarte a solas en tu tiempo libre. Llama a tus amigos (aunque creas que siempre eres tú quien llama). No justifiques el no salir con la excusa de que tienes cosas que hacer o que no tienes dinero o que no te gustas físicamente. Responde a esta pregunta: «Si tener pareja estable está en la primera posición de tu lista de intereses, ¿por qué siempre resulta que tienes otras cosas que hacer?». ¡Basta de excusas!

2ª Llave

Dedica más tiempo a las redes sociales. Créate perfiles en línea que reflejen quién eres, qué buscas y qué quieres. (Más adelante dedicaremos un capítulo entero a este punto.)

3ª Llave

Destierra de tu vocabulario el verbo INTENTAR. NO intentarás ser más agradable. NO intentarás salir. NO intentarás cambiar tu imagen. NO intentarás abrirte más a la gente que conozcas. NO intentarás… Intentar algo sin la voluntad de hacerlo es la antesala del fracaso. Cambia el INTENTARÉ por el VOY: voy a ser más agradable, voy a salir más, voy a cambiar mi imagen, voy a cuidarme más, voy a abrir un perfil en una web de Internet, etc.

Y, para acabar, vamos a enumerar las formas más efectivas de luchar contras las barreras autoimpuestas que te impiden encontrar pareja:

- Recuerda que para encontrar una pareja de verdad es imprescindible **buscarla**. Parece obvio, pero tu *perfect match* no va a llamar a tu puerta para decirte: «¡Hola, soy yo!».
- Cuida tu vida social, **no te encierres en casa** ni en tu soledad. ¡Hay mil formas de ser!
- Mientras busques a tu pareja, **céntrate en las cosas positivas** que puede aportar a tu vida tener a tu lado a una persona que reúna las cualidades de la lista que acabas de hacer. Recuerda que una relación estable es aquella que suma a tu vida bienestar, felicidad y autoestima.
- No busques pareja solo para **huir de la soledad.**
- **No esperes para ser feliz**, las decisiones importantes de la vida no se posponen. Tener una pareja es un asunto urgente que debe ser tratado hoy.
- No olvides que, en ocasiones, en las cosas del amor, **lo evidente es invisible a nuestros ojos**. ¡Ábrelos!

Ahora quiero que analices todo lo que has leído en esta parte sobre cómo eliminar las barreras inconscientes que te han impedido encontrar a tu *perfect match* y escribas las cosas con las que te has sentido identificado y aquellas en las que estás dispuesto a trabajar para cambiar. Al final, adquiere un compromiso contigo mismo firmándolo.

Hasta ahora he sido:

....

....

....

....

....

....

....

....

....

....

....

....

Me comprometo a hacer los siguientes cambios:

....

....

....

....

....

....

....

....

....

....

....

....

Voy a empezar a hacerlos el día ..... del .... de 20 ....

Firma

Paso 4

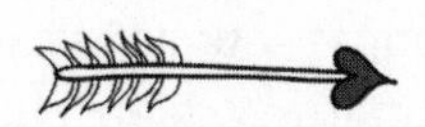

Descubre qué deseas realmente en una pareja

Isabel tiene 38 años y es una mujer que, como tantas otras, disfruta de su independencia sin ataduras personales ni emocionales, goza de estabilidad económica, tiene un trabajo que la realiza e, incluso, reconoce que sus relaciones amorosas anteriores no le han dejado heridas importantes. Sin embargo, a pesar de no tener ninguna queja sobre cómo ha ido su vida hasta ahora, Isabel admite que desde hace poco menos de un año siente una especie de vacío que la ha llevado a plantearse seriamente la búsqueda de alguien con quien merezca la pena compartir un proyecto de vida en común. Una pareja. Una relación estable. Y mientras charlábamos de esto surgió la gran pregunta... ¿Qué quiero de una pareja? ¿Cómo deseo que sea esa persona?

Juan José es un hombre de 46 años, separado desde hace seis y con dos hijos en régimen de custodia compartida con su exmujer. Él se define a sí mismo como «persona de pareja». Tiene un comercio de venta al por mayor y una estabilidad económica media-alta. Cree en las relaciones de pareja y el hecho de haber pasado por una separación no le ha hecho cambiar, ya que sigue apostando por la pareja y espera encontrar nuevamente el amor. Eso sí, sin repetir errores del pasado, lo cual le ha llevado a tener muy presente lo que realmente desea en una relación de pareja.

Clara tiene 48 años y dos separaciones a cuestas, pero aún no sabe qué falló en esas dos relaciones. Se considera una mujer normal, con un empleo normal, un sueldo normal y una vida normal. Según ella, no pide demasiado a las relaciones, solo compañía, tranquilidad y compartir una vida «normal». Se pregunta por qué no ha tenido la misma suerte que sus amigas o su hermana a la hora de encontrar pareja y culpa al destino.

Los protagonistas de estos tres casos son muy diferentes, pero todos tienen la misma necesidad: encontrar una pareja que cumpla con sus expectativas, deseos y necesidades.

Como ya hemos comentado anteriormente, es imprescindible plantearse las preguntas correctas antes de emprender la búsqueda de pareja. Por ejemplo: **«¿Qué deseo realmente en una pareja?». «¿Qué necesito?» «¿Qué espero conseguir teniendo una pareja estable?» «¿Qué tipo de relación quiero?» «¿Necesito más querer o ser querido?»** Estas son solo algunas de las preguntas que nos pueden venir a la mente cuando pensamos en tener una relación. Al responderlas, te darás cuenta al momento de qué tipo de relación quieres tener. Pero eso no basta para encontrar una relación estable y de calidad.

Uno de los errores más comunes que se cometen en la búsqueda de pareja es el dar por supuestas una serie de cuestiones. Por ejemplo, si nos preguntan qué cualidades queremos que tenga nuestra pareja (al apuntarnos a una agencia matrimonial o rellenar un perfil en una web de citas), solemos contestar inmediatamente con calificativos como: fiel, simpática, divertida, que le guste el cine, la música, etc., pero estamos dando por hecho que la persona será buena, responsable, honesta, inteligente, etc. Es decir, **no estamos definiendo a la persona correc-**

tamente. Así, es muy posible que no lleguemos a encontrar lo que realmente buscamos, porque nos centramos solo en unas facetas importantes de la persona olvidando otras igual de importantes. Por eso, es imprescindible hacer una lista completa y exhaustiva de todas las cualidades que buscas en una pareja. Sin dejarte nada.

¿Qué busco en una pareja?

Te propongo que completes una ficha completa de la pareja que deseas. De este modo tendrás un perfil ajustado de la persona que buscas.

Edad: entre .... años y .... años

Estado civil preferente: ....

Altura mínima: ....

Peso: entre .... y .... kilos

¿Con piso o casa propia? ☐ Sí ☐ No ☐ Indiferente

¿Con hijos? ☐ Sí ☐ No ☐ Indiferente

¿Que fume? ☐ Sí ☐ No ☐ Indiferente

¿Que conduzca? ☐ Sí ☐ No ☐ Indiferente

Nivel cultural: ....

Nivel económico: ....

¿Con trabajo? ☐ Sí ☐ No ☐ Indiferente

Que vista de forma… (por ejemplo: elegante, deportivo, informal, etc.) ....

Aficiones:

....

....

....

....

....

....

....

Carácter:

....

....

....

....

....

....

....

Valores personales:

....

....

....

....

....

....

....

Características importantes para mí (por ejemplo: piel, raza, religión, que tenga la boca sana, que use o no gafas, barba, bigote, color del cabello, delgadez/gordura, etc.):

....

....

....

....

....

....

....

Características que no soporto en una pareja (tanto físicas como de carácter):

....

....

....

....

....

....

....

Ahora que ya tienes un perfil más definido del tipo de persona que buscas y de quien te gustaría enamorarte, ha llegado el momento de fijarte en ti. Piensa que, cuando deseamos tener pareja, lo que buscamos es un complemento de nosotros mismos, con cualidades que nos gustaría que formaran parte de nuestra personalidad. Las relaciones de pareja se basan en sentimientos de respeto y admiración equilibrados, de modo que, sin dejar nunca de ser tú mismo, es recomendable cambiar pequeñas cosas en base a lo que te gustaría encontrar en una pareja. Es el llamado efecto espejo.

El efecto espejo

El efecto espejo consiste en convertirnos en lo que deseamos. Piensa esto: si quieres encontrar a una persona con unas cualidades concretas, ¿no es lógico pensar que esa persona también espera hallar a alguien similar?

Por ejemplo, imagina a una persona que busca una pareja amable, que sepa escuchar, que colabore en las tareas domésticas y detallista. Pero resulta que esa persona es muy habladora (así que no suele escuchar mucho), sus amigos o familiares dicen de ella que es puntillosa o borde, que acostumbra a dejar la ropa tirada encima de la cama y acumula platos en el fregadero y, además, se le olvidan los cumpleaños o fechas señaladas de amigos o familiares. ¿Crees que esa persona podría darle a su pareja lo mismo que espera de ella?

Recuerda: Convertirte en aquello que buscas en una pareja equivale a dar el primer paso para encontrarla.

El ejercicio que te propongo a continuación te ayudará a verlo con claridad.

Haz una relación de todos los errores que crees haber cometido en tus relaciones anteriores (por ejemplo: he sido celoso, impulsivo, posesivo, etc.). Recuerda que la sinceridad es imprescindible para obtener resultados útiles.

Yo, ..., he cometido los siguientes errores:

....

....

....

....

....

....

....

....

....

....

....

Ahora, haz una lista con los defectos de tus exparejas. Escribe el nombre de cada pareja de hayas tenido y, a continuación, sus características negativas (por ejemplo: egoísta, infiel, mal carácter, tacaño, etc.).

Nombre: ....

Características negativas

....

....

....

....

....

....

....

....

Nombre: ....

Características negativas

....

....

....

....

....

....

....

....

Nombre: ....

Características negativas

....

....

....

....

....

....

....

....

Nombre: ....

Características negativas

....

....

....

....

....

....

....

....

Compara ambas listas y busca similitudes. Descubrirás que algunas de las características negativas de tus exparejas también aparecen en tu lista. Empezaremos a trabajar desde ahí. Ahora ya sabes qué es lo que NO quieres. Esa es la lista de cosas que no quieres proyectar en tu espejo.

A continuación, vamos a ver qué es lo que SÍ quieres. Tómate tu tiempo, piensa en las cualidades que quieres que tenga tu futura pareja y confecciona una lista. Piensa que esta es una de las partes más importantes de todo el proceso, así que; ¡no te precipites!

Cualidades que deseo que tenga mi futura pareja:

....

....

....

....

....

....

....

....

Compartir aficiones no lo es todo

Recuerda que compartir aficiones no garantiza por sí solo el éxito de una relación. Por ejemplo, si tú eres una persona a quien le gusta mucho hablar, esto no quiere decir que debería gustarte alguien con esas mismas características. Si dos personas tratan de hablar al mismo tiempo, obviamente, no podrá generarse ningún tipo de conversación.

Voy a mostrarte un ejemplo:

Carolina y Carlos viven en Málaga. Carolina tiene 34 años y es comercial de productos cosméticos. Carlos, su novio, tiene 39 años y es relaciones públicas en un hotel de la ciudad. A los dos les encantan los deportes náuticos y el pádel. La profesión de ambos conlleva pasar horas y horas al día hablando con gente, además de mucho movimiento: visitas, reuniones, viajes, etc. Es decir, que no se pasan el día encerrados en un despacho ni tienen que fichar en la oficina. Por eso, cuando Carlos y Carolina se encuentran después de su jornada laboral, comienza una «guerra» por contar las anécdotas del día. El problema es que ambos dan prioridad a su conversación y, cuando el otro intenta hablar también porque no puede evitar estar callado, terminan discutiendo porque son iguales: les cuesta estar callados y mantener las pausas en una conversación, cosa que les lleva, inevitablemente, a discutir.

De igual manera, si tú eres una persona silenciosa y tu pareja también lo es, difícilmente se producirá algún tipo de diálogo. El secreto aquí es la compatibilidad. Los intereses de los miembros de una pareja no deben ser necesariamente los mismos, pero sí complementarse.

Voy a ponerte otro ejemplo:

Laura y Luis viven en Barcelona. Laura tiene 45 años y es profesora de secundaria en un instituto. Luis, su pareja, tiene 48 años y es técnico informático. A los dos les encantan los coches antiguos y la ópera. La profesión de ambos implica rutinas estables: entrar a las ocho de la mañana y salir a las cuatro, en el caso de Laura; y entrar a las ocho y media, pero sin hora fija de salida, en el caso de Luis. Hay días en que termina a las tres y otros en que está ocupado hasta la noche. Al llegar a casa, tanto Laura como Luis tienen cosas que contarse, el problema está en que a ambos les cuesta arrancar. Esperan a que hable primero el otro y, si no ocurre, piensan que no tiene nada que contar o que está cansado. ¡El problema es que la otra parte piensa lo mismo! Así, como ninguno se decide a hablar porque ambos son personas silenciosas, pueden pasar noches enteras intercambiando frases escuetas que no generan conversaciones, lo cual, a la larga, acabará desgastando la relación de pareja.

Evidentemente, tanto Carolina y Carlos, como Laura y Luis necesitan aprender pautas para una buena comunicación en pareja, pero ambas parejas son una muestra de que el hecho de compartir intereses no garantiza el éxito de la relación.

Lo más importante: saber qué no quieres

Por supuesto, tan importante como saber qué queremos en una pareja es saber qué no queremos. Es lo que yo llamo las **descualidades** y conocerlas evita iniciar relaciones abocadas al fracaso.

Mira este ejemplo:

Alicia es una azafata de congresos soltera de 40 años y está decidida a encontrar al hombre de sus sueños antes de que acabe el año. Tiene claro lo que quiere: busca un hombre sin hijos, le da igual que sea separado, divorciado o soltero como ella (aunque prefiere que sea soltero), alto (como mínimo 1,80), atlético, juvenil (entre 40 y 45 años), amante del cine clásico, la música y, sobre todo, que le guste bailar. Alicia ha pensado, incluso, en qué profesiones serían las de su preferencia, así como el color de ojos, de pelo, etc. Esto está bien, por supuesto, pero, cuando le pregunto si ha pensado en las características, defectos o hábitos que no quiere en su pareja, ella me responde que no.

Inmediatamente propongo a Alicia que elabore su lista de *descualidades*, y este es el resultado:

«Cosas que no deseo en mi futura pareja:

»— Que no colabore en casa. Si dos ensucian, dos recogen.

»— Que no recuerde fechas especiales (poco detallista).

»— Que deje la tapa del váter abierta y llena de salpicaduras.

»— Que se meta el dedo en la nariz o se suene estrepitosamente.

»— Que lance eructos y otros "efectos sonoros", especialmente si son provocados.»

Si eres una mujer, seguramente compartirás algunas de las *descualidades* de Alicia a la hora de encontrar pareja. Pero imaginemos ahora cómo podría ser una lista de *descualidades* elaborada por un hombre:

Cosas que no deseo en mi futura pareja:

- Que me llame la atención o me corrija continuamente (no es mi madre).
- Que me diga lo que tengo y no tengo que hacer, ya somos mayorcitos.
- Que se pase el día criticando a todo el mundo. No quiero *marujeos*.

- Que malgaste el dinero. No quiero una fanática de las compras.
- Que sea celosa sin motivo.
- Que sea sarcástica o utilice la ironía.

Estos ejemplos pueden ayudarte a redondear tu propia lista de defectos o *descualidades,* que, a su vez, te ayudarán a realizar la elección correcta. Tu perfil de candidato con las listas de cualidades y *descualidades* te ayudará en tu búsqueda, por supuesto. Pero seguramente te estás preguntando: «¿Cómo sabré si estoy eligiendo bien?».

Muy sencillo. En primer lugar, al conocer a alguien debes centrarte en saber cuántas de las cualidades que buscas en una pareja tiene esa persona. Supongamos que has conocido a alguien especial este fin de semana y que os habéis intercambiado los teléfonos para quedar. Perfecto. En los días sucesivos vas a saber si esa persona comparte cualidades que buscas en una pareja y si, además, tenéis puntos en común, como intereses, *hobbies,* etc. Si todo va bien y cumple con todas o la gran mayoría de las cualidades que buscas, el siguiente paso será determinar si tiene alguna de las características que detestas. Solo cuando conozcas esos datos podrás valorar si la persona tiene espacio en tu vida.

Las situaciones a las que puedes enfrentarte son las siguientes:

- No tiene **ninguna** de las *descualidades* de las lista.
  ¡Genial!
- Tiene **alguna** *descualidad.*
  La pregunta es: ¿podrás vivir con ella?
- Tiene **todas** las *descualidades* de la lista.
  En este caso, por muy maravilloso que te parezca, deberías pensar seriamente si te interesa iniciar una relación, ya que al principio todo parece fácil, pero, con el paso del tiempo, lo que realmente marcará el ritmo de la relación serán las *descualidades.*

SEGUNDA PARTE:

PASAR A LA ACCIÓN

Paso 5

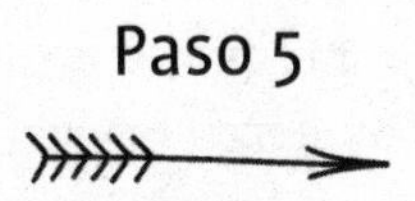

¿Cómo atraer a las personas correctas?

Ahora que ya sabes qué tipo de pareja quieres, vamos a ver qué debes hacer para encontrar a esa persona. Es decir, voy a enseñarte a atraer a las personas correctas.

Si sigues estos sencillos pasos y recomendaciones, aumentarás tus posibilidades de encontrar a tu *perfect match*.

Salir de la zona de confort

La zona de confort es un concepto que define el conjunto de limitaciones personales (físicas o psicológicas) que nos impiden ser consecuentes con lo que en verdad deseamos. Tu zona de confort incluye todo aquello que te hace sentir seguro y protegido en tu vida. Tu día a día. Normalmente, el mero hecho de pensar en hacer algo distinto que altere nuestro esquema de vida, aunque estemos descontentos o deseemos algo distinto, nos incomoda y nos genera ansiedad. ¿Por qué? Porque nos obligaría a salir de nuestra zona de confort. Es normal, tememos lo desconocido y nos ponemos excusas para no hacer cambios. Olvidamos que, si queremos un cambio en nuestra vida, primero debemos imaginar ese cambio y luego atrevernos a emprender las acciones necesarias para lograrlo.

La edad o la situación económica son a menudo excusas que frenan nuestros proyectos de cambio y nos impiden alcanzar lo que deseamos. También, por supuesto, encontrar pareja.

Voy a ponerte un ejemplo: Imagina que estás en una fiesta y ves a alguien que te gusta, que te atrae. Alguien que te llama la atención y a quien te apetece conocer, con quien quieres entablar conversación. Sin embargo, en cuanto piensas en acercarte notas como tu pulso se acelera, te pones de los nervios y tu pensamiento comienza a plantear dudas y a jugar en tu contra. No te atreves a dar el paso y, cuando te das cuenta, ese alguien se ha ido. Lo peor es que, en lugar de sentirte mal, suspiras con alivio porque ya no tienes que tomar la decisión de acercarte. Una parte de ti dice: «La próxima vez me atrevo, seguro», pero en el fondo sientes que te han quitado un peso de encima. ¿Por qué? Porque te has quedado en tu zona de confort.

En *love coaching* **decimos que para seducir debes atreverte a salir de tu zona de confort y perder el miedo a abordar a alguien.** Nos da miedo porque no estamos acostumbrados a ello, porque nos falta confianza, por eso nos ponemos nerviosos y nos inventamos excusas para no hacerlo. Nos incomoda la idea de entablar conversación con alguien desconocido.

¿Por qué es tan importante confiar en uno mismo para encontrar el amor?

Comento en muchas ocasiones la gran importancia de confiar en el proceso de búsqueda del amor y de nuestra pareja. Me consta que la palabra «confianza» es un término bastante abstracto en el que caben muchas interpretaciones y que, en ocasiones, nos puede confundir, porque incluso aunque sepamos exactamente lo que significa no sabemos cómo conseguirla.

Voy a intentar arrojar algo de luz sobre este punto.

Tal vez en alguna ocasión has pensado en apuntarte a un curso de seducción porque has leído o alguien te ha dicho que después de hacer esos cursos o talleres conoces a mucha más gente interesante y logras que se fijen más en ti. Y lo cierto es que es así, pero no porque un curso de seducción sea un arma mágica que te transforme de la noche a la mañana en Brad Pitt o Angelina Jolie. Nada de eso, sigues siendo tú, pero te han dado seguridad y herramientas para mostrar más confianza en tus recursos y, cuando esto ocurre, proyectas una actitud que se convierte en «atractivo» para otras personas. Cualquier cosa que creemos de nosotros se refleja en cómo nos ven los demás, y la confianza es muy atractiva.

Por ejemplo, en ocasiones, durante un proceso de selección en una empresa, la persona que se queda con el puesto no es la más cualificada. ¿Por qué sucede eso?

Muy sencillo, es posible que la persona con menor cualificación haya mostrado ante el entrevistador la confianza necesaria para convencerlo de que era el candidato idóneo.

Ocurre lo mismo en las relaciones personales y en el proceso de buscar pareja.

A veces, incluso, estamos muy seguros en el terreno profesional y en nuestra carrera, pero nos sentimos perdidos y desorientados cuando se trata de relaciones sentimentales. También hay personas que son extremadamente extravertidas en su círculo de amigos y son capaces de generar grandes dosis de confianza, pero que se comportan de forma tímida y reservada con extraños. ¿Qué ocurre? Pues que nuestra confianza puede variar según el área o parcela de nuestra vida a la que nos enfrentemos. Solo somos capaces de mostrar confianza en aquellas en las que nos sentimos seguros.

En algunas ocasiones pensamos que cuando nos rechazan significa que hay algo mal en nosotros o que somos inferiores a otros, pero eso solo quiere decir que desconocemos nuestro verdadero valor. En la sociedad actual tendemos a medirnos y compararnos con modelos estandarizados y, si no logramos llegar a esa altura, nos sentimos personas fracasadas, infelices. Por ello, el primer paso para encontrar a nuestra pareja ideal y ser felices es aprender a tener confianza en nosotros mismos y dejar de compararnos con otros o con modelos inalcanzables. Aceptarnos como somos sin buscar la aprobación de los demás y aprender a sacarnos el máximo partido nos permitirá generar el tipo de confianza que nos hará irresistiblemente atractivos a ojos de los demás.

Te voy a poner un ejemplo. El actor Jean-Paul Belmondo (si no lo conoces, busca su fotografía en Internet). Este actor no destaca por ser especialmente atractivo. Sin embargo, a pesar de sus labios gruesos y su nariz rota, se convirtió en una estrella internacional. Un claro ejemplo de cómo una persona capaz de mostrar confianza en sí misma puede proyectar una imagen atractiva al margen de su físico.

Actualmente hay multitud de ejemplos de hombres y mujeres que nos demuestran cómo la confianza genera un carisma que nos convierte en atractivos a ojos de los demás. Piensa en Adrien Brody, Marc Anthony, Carles Puyol, Leo Messi, Uma Thurman, Tori Spelling, Barbra Streisand o Rossy de Palma.

La confianza en uno mismo es una forma muy atractiva de comunicarse y eso es vital cuando vamos a una cita por primera vez. Parte de la imagen que vamos a transmitir está basada en la confianza que mostremos.

Cuando tienes confianza hablas con seguridad, guardas un equilibrio entre timidez y audacia, y conoces la importancia de los sentimientos e ideas. Las personas con confianza en sí mismas suelen ser sociables y saben relacionarse con facilidad, además son muy buenas conciliadoras en conflictos.

Existen tres tipos básicos de personas: **pasivas**, **agresivas** y **seguras**.

¿Cómo saber en qué categoría te encuentras? Voy a presentarte algunos ejemplos, para ver si te identificas con alguno de ellos (nuestros protagonistas son Carmen, Jaime y Blanca):

Si le preguntas a Carmen a qué restaurante le apetece ir, lo más probable es que responda: «No lo sé, ¿a ti cuál te gusta más?». Normalmente deja que otros tomen las decisiones, pero luego se lamenta porque no es lo que ella quería. Cuando está con amigos en una conversación, le molesta no encontrar el momento para hablar y, cuando lo hace, habla tan despacio que las demás conversaciones la solapan.

Jaime dice siempre lo que piensa, lo malo es que sus formas son muy enérgicas y domina la conversación, interrumpe y rara vez escucha a los demás. Utiliza a menudo el sarcasmo.

Blanca expresa sus opiniones de forma segura y honesta. Si no está de acuerdo con algo, lo manifiesta sin ofender a nadie. Incluso si no está de acuerdo contigo, respeta tu punto de vista y te escucha.

¿Con cuál de estos tres ejemplos te identificas?

Si lo haces con el estilo de Blanca, ¡enhorabuena!, tienes un estilo de comunicación que genera confianza y, a su vez, eres una persona **segura** de ti misma.

Si te identificas con Carmen, es probable que seas una persona **pasiva.** Estas tienden a pensar que los demás se aprovechan de ellas y, a menudo, sienten resentimiento. Es importante que trabajes la seguridad en ti mismo, de lo contrario estarás dejando pasar buenas oportunidades.

Si te consideras más afín con Jaime, muestras rasgos de persona **agresiva.** A las personas agresivas les resulta fácil conseguir lo que quieren de otras, pero, a la larga, acaban siendo evitadas y rechazadas. Es importante cambiar de actitud y mostrar más seguridad para evitar ser excluido de grupos o, quién sabe, quizá intimidar a alguien interesante.

Nueve llaves para desarrollar la confianza en uno mismo

Llave 1: Tu ropa y tu olor hablan de ti

Debes saber que, cuando tú te ves bien y te encuentras a gusto y sexi con tu atuendo y tu imagen, proyectas una gran sensación de confianza en los demás.

Es importante que sepas adaptar tu vestimenta a cada ocasión (no es lo mismo ir al campo que al gimnasio o a una fiesta). Que tu piel huela a jabón es algo que atrae porque se asocia a limpieza y orden, y gusta tanto a hombres como a mujeres. Dedica tiempo a probar diferentes geles de baño hasta encontrar uno que tenga un aroma suave y que te guste. Lo ideal es que tu gel sea de la misma gama que tu colonia, ¡pero sin pasarse! Piensa que, si tu colonia y tu gel huelen, por ejemplo, a chicle de fresa, puedes acabar provocando un empacho olfativo.

Llave 2: Cuida tu lenguaje corporal

Nada da más información de ti que tu postura corporal. Los hombros adelantados o encogidos y la cabeza gacha ahuyentan a cualquier candidato y te restan confianza. Al contrario, mantén los hombros hacia atrás, la espalda erguida y la barbilla alta. No arrastres los pies y, cuando te sientes, no te encorves hacia adelante ni te hundas de hombros. Siéntate derecho y los demás verán a una persona segura de sí misma.

Llave 3: La mirada

Se dice que los ojos son el reflejo del alma, y nada es más cierto. La mayoría de la gente desconoce que una mirada es capaz de influir en otra persona mucho más que cualquier otra cosa.

No temas mirar a los ojos, no solo estarás demostrando seguridad, sino que estarás transmitiendo el mensaje de que te interesa la otra persona. En este punto, es interesante que aprendas la **técnica del triángulo** para captar la atención de la otra persona:

Imagina que la persona a quien quieres seducir muestra en su rostro un triángulo invertido cuya base es la línea que une los ojos y el vértice es la boca. ¿Lo tienes? Pues bien, mientras hables con esa persona debes ir mirando sucesivamente los tres vértices del triángulo. Es decir, ojo, ojo, boca, ojo, ojo, boca. Llegará un momento en el que la otra persona empezará a mirar tus ojos y boca del mismo modo y en este punto sabrás que has conseguido captar su atención al cien por cien. ¡Pruébalo!

Llave 4: Papel y lápiz

Es importante mantener nuestra confianza siempre a punto. En perfecto estado de revista. Para ello, es interesante revisarla de vez en cuando. Es como llevar el coche al taller para una revisión rutinaria, no es que le pase nada, es que no queremos que falle. Para hacer la «puesta a punto» de nuestra confianza es aconsejable coger papel y lápiz y escribir aquellos miedos que creamos que nos limitan a la hora de tener más confianza en nosotros mismo. Por ejemplo: timidez, problemas de peso, acné, etc. Ahora hay que preguntarse: «¿Es un miedo normal o estoy anticipando cosas?».

Voy a ponerte un ejemplo:

Miedo: mi problema de peso me resta confianza a la hora de relacionarme.

¿Es un miedo normal? Depende. Si estás haciendo algo para solucionar el problema de peso, en realidad estás anticipando que va a ser un problema, cuando ya le estás poniendo remedio.

Si no estás haciendo nada para solucionar el problema de peso, debes plantearte por qué no intentas cambiar una situación que te resta confianza.

Una vez enumerados y atacados todos los miedos, haz una lista con todas tus cualidades físicas (nunca defectos), tus amistades y tus rasgos de personalidad elogiables.

A continuación, escribe aquellos cumplidos que recuerdes que te hayan dicho alguna vez y que te hicieron sentir bien.

Después, anota aquellos éxitos que recuerdes haber tenido alguna vez.

Finalmente, enumera aquellos aspectos en los que sabes que debes mejorar e imagina cómo afectaran a tu vida esos pequeños cambios.

Solo te queda guardar esta hoja y leerla cada vez que te sientas algo bajo de confianza. ¡Recuerda actualizar de vez en cuando tus logros y progresos!

Llave 5: No te compares

La confianza no es algo universal ni viene de serie. Incluso la persona más segura de sí misma ha sentido en algún momento inseguridad o ha tenido problemas de confianza. El secreto está en no compararse con los demás. La vida no es una competición: no se trata de ser el más «lo que sea», sino de mejorar y superarse a uno mismo.

Llave 6: Busca un grupo afín

Repasa tus aficiones, especialmente aquellas en las que te puedas relacionar con un grupo de gente que también las tenga. Compartir tiempo con gente que conoce un tema que te gusta y en el que te sientes cómodo ayuda a incrementar la confianza en uno mismo.

Llave 7: Los desconocidos

A estas alturas ya sabemos que la confianza es más un hábito que un estado mental, así que para fomentar este hábito debes hacer cosas que aumenten tu confianza. Seguro que al principio te cuesta un poco, pero, créeme, pronto verás grandes resultados. Por ejemplo, puedes entablar conversación con alguien desconocido. Hay muchas oportunidades a lo largo del día: en la parada del bus, del metro, en el súper. ¿Acaso cuando estás en la cola del bus y alguien a tu lado comenta el retraso de la línea no le respondes hablando de ello? Pues es igual, solo que esta vez serás tú quien dé el primer paso. ¿Te atreves?

Llave 8: Practica la no disculpa

Las personas inseguras se disculpan con demasiada frecuencia, incluso por cosas que no son responsabilidad suya al cien por cien. Intenta cambiar la frase «Lo siento» por «Confío en no haber causado problemas» o «Espero que esto no le haya causado problemas». Disculparse con frecuencia transmite inseguridad.

Llave 9: Asume riesgos

Para ser buenos en algo, hay que aceptar vivir experiencias nuevas, a veces difíciles, y aprender de ellas. Si sigues haciendo lo de siempre, no alcanzarás objetivos diferentes. Por eso, debes asumir riesgos y apostar por ti, aun corriendo el riesgo de fracasar. De hecho, la manera en la que superes un tropiezo o fracaso será determinante para aumentar o disminuir tu confianza.

Nueve consejos para tener siempre a mano si la confianza flaquea

1. Camina erguido y enfoca hacia el lugar a donde vas.
2. Siéntate derecho.
3. Repite frente al espejo que no permitirás que nadie te haga sentir mal.
4. A veces la gente hace comentarios envidiosos. Tú limítate a sonreír.
5. Habla y piensa en positivo. Reemplaza los pensamientos negativos por positivos.
6. Vive cada día como si fuera el último. Disfrutar es la mejor forma de continuar.
7. No te fijes expectativas. Traza objetivos.
8. Ámate a ti primero, los demás te amarán después.
9. No prestes atención a lo que digan los demás. Sé tú mismo.

Y para acabar este capítulo, déjame contarte una historia real sobre cómo la confianza puede cambiarlo todo.

Francisco tiene 39 años, está soltero y toda su vida se centra en su negocio (tiene una pequeña empresa de recambios de material informático a la que dedica muchas horas al día), en sus aficiones (es amante del senderismo, deporte que practica desde los 24 años, y el barranquismo), su familia y sus amigos de siempre.

Francisco ha tenido dos relaciones en su vida. Su primera novia, Laura, era una chica de su barrio a la que conocía desde pequeño y con la que empezó a salir a los 19 años gracias a la intercesión de ambas madres, que, además de vecinas de calle, eran amigas y, cual celestinas modernas, acariciaron la idea de convertirse en consuegras. Aquello no fructificó. La relación duró dos años y medio y se acabó porque, en realidad, ninguno de los dos estaba realmente enamorado del otro y, en un acto de sinceridad mutua, decidieron que era mejor conservar el recuerdo de lo que un día fue una bonita historia llena de amistad a continuar en algo que tenía fecha de caducidad.

Su segunda relación surgió a raíz de un viaje de Francisco a Madrid para asistir a una feria de informática y nuevas tecnologías. Allí conoció a Maribel, que era la hermana de un antiguo compañero de estudios que se había casado y se había ido a vivir a Barcelona, con el que coincidió en el recinto ferial. Al encontrarse después de tanto tiempo, aprovecharon para ponerse al día de sus vidas y pasaron el fin de semana juntos. Este chico había ido a la feria en compañía de su mujer y de su hermana. Francisco y Maribel conectaron desde el principio, pero Francisco tenía miedo de que ella pensara que solo buscaba ligar y, aunque ella le gustaba, intentó no dar señales de ello. Temía que ella se diera cuenta y le dijera «Tú de qué vas», «No te equivoques» o algo similar. Así que se limitó a compartir con ella el tiempo dentro del recinto ferial, pero sin ir a más. Tuvo que ser Maribel quien, el último día antes de regresar, le pidiera el teléfono a Francisco. Él siempre ha reconocido entre risas que, de no haber tomado ella la iniciativa, él jamás se habría atrevido y se habría arrepentido siempre. A partir de ese momento, Francisco puso en práctica pautas para ganar confianza en sí mismo, lo que le produjo, a su vez, cambios beneficiosos en otras facetas de su vida.

Paso 6

¿Dónde encuentro pareja?

Uno de los mayores problemas con los que nos encontramos cuando pensamos en conocer gente teniendo como objetivo encontrar pareja es que no sabemos por dónde empezar ni qué hacer, especialmente a ciertas edades, sobre todo si hemos dejado atrás la veintena.

> Tengo 33 años, acabo de romper una relación de 7 años y, aunque mis amigas me dicen que ahora me toca a mí disfrutar, lo cierto es que no sé por dónde empezar. Para ellas es muy fácil decirlo, porque todas están casadas o tienen pareja.

> Con 47 años y después de 18 de matrimonio, me tengo que enfrentar a mi separación y al hecho de conocer gente de nuevo. No sé qué hacer. El grupo de amigos comunes que teníamos mi marido y yo no quiere tomar partido por ninguno de los dos y noto que se está distanciando. Así que mientras trabajo estoy bien, pero el fin de semana se me cae la casa encima.

> Me llamo Jorge y tengo 49 años. He convivido en pareja durante 13 años, pero ahora esta relación se ha terminado. El problema se me presenta cuando me planteo el conocer a alguien fuera

de Internet, volver al mercado. Acostumbrado a salir en pareja, siento que no tengo cabida en ningún lugar. Si voy a tomar una copa, no sé adónde ir y que haya gente de mi edad.

Mis amigas me dicen: «Silvia, no puedes quedarte en casa, sal a conocer otras personas», pero a mis 37 años siento que se me ha ido el tiempo y, ahora que mi reloj biológico tiene la cuenta atrás puesta, soy consciente de que me gustaría tener una pareja, pero no sé cómo hacer para conocer a alguien similar a mí. Es muy fácil decir que salga, pero ¿adónde voy? ¿Cómo me lanzo a conocer a alguien si no sé ni dónde buscar?

¿Te suena alguna de estas frases? Seguro que alguna vez las has pensado o se las has escuchado a alguien. Es normal que tras una ruptura tu mundo cambie, porque cambia lo que hasta ese momento era tu esquema de vida. A veces lo que ocurre es que llegas a un momento vital en el que, después de años disfrutando de tu independencia, deseas el calor y el apego de una pareja. Sea como sea, el problema en ambos casos es el mismo: te falta entrenamiento en cuanto al tema de las citas, sobre todo si tu objetivo no es tener una aventura sino una relación estable; encontrar a «la persona». No te preocupes, hoy en día todo cambia muy deprisa y es normal sentirse perdido. Pero vayamos por partes.

Sin perder nunca de vista que buscamos una pareja concreta que hemos definido a conciencia en los capítulos anteriores, voy a mostrarte algunos sitios donde empezar la búsqueda. La idea de fondo es transformar tu rutina y ayudarte a salir de tu zona de confort.

Como ya hemos visto, si quieres atraer a tu vida a las personas correctas, primero debes pensar qué tipo de gente buscas. Una vez hecho esto, el siguiente paso es determinar dónde la puedes encontrar. Para ello, debes tomar el perfil que has elaborado y pensar en lugares donde se reúnan personas con esas características.

Pongamos un ejemplo: supongamos que te gusta la naturaleza y la montaña; en ese caso deberías buscar información sobre grupos de senderismo, centros excursionistas, consultar foros de Internet de amantes de la naturaleza o, incluso, plantearte hacer algún curso que tenga relación con cualquier tipo de deporte de montaña. ¿Por qué? Pues porque en ese ambiente con el que te identificas te será fácil conocer a alguien con quien, de entrada, ya compartas algo. Y más teniendo en cuenta que en estos grupos acostumbran a apuntarse personas sin pareja.

Harías lo mismo si te gustasen los deportes náuticos, los cómics, la informática, el baile o la cocina. En definitiva, se trata de ser consecuente con aquello que te llena y te gusta. Al buscar en ese ámbito, te será más fácil encontrar personas compatibles que si únicamente te dedicas a salir por la noche. Piensa que la noche está más asociada a «salir de caza» o, sencillamente, a ligar, y, en realidad, dejas al azar a quién vas a conocer.

Antes he mencionado el tema de **apuntarse a algún curso** como fórmula para conocer personas afines y quiero reiterarlo porque me parece (y la experiencia así lo demuestra) una opción muy interesante.

Por ejemplo, si te gusta la cocina pero nunca te has puesto con las manos en la masa, quizá ahora sea el momento de apuntarte a uno de los muchos cursos y talleres para principiantes que se organizan en todas las ciudades. Los hay específicamente para *singles*. O para *gourmets*. En ellos, además de aprender, conocerás personas a las que les gusta lo mismo que a ti: la cocina, y muchas de ellas seguro que estarán libres.

Eso sí, no olvides nunca que, por mucho que te interese la temática del curso al que te apuntes, tu objetivo principal es socializar y conocer a tus compañeros para intentar encontrar pareja. Así que ¡nunca llegues a la hora en punto! Si lo haces, solo tendrás tiempo de estar en clase y no podrás charlar con tus compañeros antes de empezar. Si te presentas un cuarto de hora antes, por ejemplo, podrás charlar con la gente que va llegando, y quién sabe si en esos minutos pueden surgir citas para tomar algo una vez terminada la clase.

Las catas (de vino, chocolate, gin-tonics, etc.) también son actividades interesantes, puesto que la gente que suele acudir a dichos talleres compartes perfiles similares. Además, si sigues mis consejos anteriores, tal vez la cata de vinos se transforme en una cena posterior. La cata de gin-tonics puede acabar en un tapeo nocturno con copas posteriores y la de chocolate en una escapada con tratamiento de chocolaterapia. ¡Todo es posible cuando nos relacionamos y ampliamos nuestra perspectiva!

Por otro lado, si estás conociendo gente nueva gracias al hecho de haberte apuntado a algún curso, taller, voluntariado, etc., recuerda que la familiaridad genera bienestar y agrado, así que cuanto más conozcas a las personas, mejor caerás y mejor te caerán ellas a ti. Por eso es muy importante frecuentar los mismos sitios y lugares, y hablar con la misma gente.

También puedes buscar información sobre agencias de viajes locales que organicen **viajes o escapadas para solteros**. De esta forma, además de viajar y disfrutar de las ciudades o países que visites, tendrás la seguridad de que el grupo está formado solo por personas sin pareja, y que la están buscando. Ten en cuenta que hay cientos de excursiones a las mismas ciudades, así que una persona que se apunta a una exclusiva para *singles* lleva en mente algo más que el simple hecho de viajar. Es decir, está buscando conocer a alguien, aunque asegure que solo busca amistad. Te lo digo yo.

Lo más importante, elijas el método que elijas, es que no tires la toalla a la primera de cambio si las cosas no salen como esperas. Tendrás experiencias mejores y peores, pero, si perseveras, terminarás conociendo gente de lo más interesante.

El mundo de las aplicaciones

Más adelante encontrarás un capítulo dedicado exclusivamente a Internet, las páginas de citas y las redes sociales. Pero llegados a este punto creo que es interesante hablar de toda una serie de aplicaciones móviles pensadas específicamente para conocer gente, que pueden ayudarte a ampliar tu círculo social. Voy a indicarte algunas:

Groopify (www.groopify.me)

Groopify es una aplicación creada para ampliar tu círculo de amistades, que propone encuentros tres a tres. Es decir, tú vas a la cita con dos amigos y allí conoceréis a tres personas como vosotros. Divertido, ¿verdad?

Swarm (www.swarmapp.com)

Swarm es una aplicación móvil asociada a la red social Foursquare. Mediante Swarm podemos saber si alguno de nuestros amigos de las redes sociales se encuentra cerca de nosotros y, así, unirnos a sus planes. Es muy práctico porque, si hemos decidido salir, sabremos dónde encontrar a gente conocida.

Kedin (kedin.es)

Kedin es una página web que recopila todos los planes de la zona o ciudad española que elijas, incluso puedes seleccionar el tipo de evento o plan que buscas. Es una buena forma de entablar nuevas amistades

Tinder (www.gotinder.com), en inglés

Tinder es una aplicación para móvil que te muestra personas cerca de ti o dentro de un radio que elijas. La aplicación te ofrece los perfiles de las personas cercanas y tú decides quién te gusta y quién no. Cuando existe coincidencia, es decir, cuando dos personas se gustan mutuamente, la aplicación permite que empiecen a chatear.

Bumble (bumble.com)

Bumble es una aplicación similar a Tinder, pero con dos peculiaridades. La primera es que en esta son siempre las mujeres quienes deben empezar la conversación una vez encuentran un perfil coincidente. La segunda es que la conversación debe iniciarse en las veinticuatro horas siguientes a la coincidencia, si no, se pierde la oportunidad. Es una aplicación muy original, la única pega es que de momento solo está disponible para iPhone.

Happn (www.happn.com)

Happn es otra aplicación original y similar a Tinder. En este caso, lo que la convierte en especial es el hecho de que te avisa cuando te cruzas en la vida real (por la calle, por ejemplo) con alguien que también tiene la aplicación. Es más, puedes ver el historial de tu día: con cuántos usuarios te has cruzado, dónde y a qué hora. A continuación, puedes ignorar o saludar, pero si el saludo es mutuo podrás comenzar a chatear.

Wingman (getwingman.co/), en inglés
Una aplicación ideal si vuelas a menudo, ya sea por motivos personales o laborales. Funciona como Tinder, pero en los avio-

nes. Te permite ver los perfiles de quienes comparten vuelo contigo y entablar conversación con quien te resulte interesante. El único problema es que aún tiene un número de usuarios bajo, pero nunca está de más.

Miumeet (www.miumeet.com)

Miumeet es una aplicación móvil que funciona por geolocalización y permite quedar con usuarios que compartan los mismos intereses y estén cerca. Esta aplicación, además, te ofrece la posibilidad de subir tus fotos de Facebook.

Como ves, las oportunidades de conocer gente a través de tu móvil son muy numerosas, pero no pienses en ellas como un fin, sino como un principio. No te limites a chatear y conocer gente escondido detrás de tu móvil. Es muy fácil caer en la trampa de chatear y mantener relaciones cibernéticas sin llegar nunca a quedar. No lo hagas. Sal a la calle y conoce a esa persona con la que has conectado de manera virtual.

Los lugares para solteros

Pero dejemos un momento Internet y centrémonos en los lugares para solteros.

¿Y qué son estos lugares?, te preguntarás. Los lugares para solteros son aquellos sitios donde se suelen organizar eventos, quedadas o fiestas para *singles* y personas sin pareja.

Hoy en día muchos locales han visto el potencial de ofrecer este tipo de fiestas o eventos y, si bien antes era difícil encontrar lugares donde se celebrasen citas rápidas (también llamadas de 7 minutos o *speed dating*), hoy por hoy podemos decir que se organizan cada fin de semana.

¿Qué es una cita rápida?

Las citas rápidas son eventos divertidos en los que por un coste módico (entre diez y veinte euros con consumición incluida) conocerás a entre siete y diez personas de edad similar a la tuya.

El éxito o el fracaso de este tipo de eventos radica en su organización. Yo te recomiendo que huyas de aquellos que se celebran en pubs y discotecas, cuyo único objetivo es llenar el local, y te decantes por los que están avalados por empresas serias especializadas en actividades para solteros. Esto aumentará tus posibilidades de conocer a personas afines.

Las citas rápidas (o *speed dating*) se llaman así porque duran muy poco tiempo, unos siete minutos, suficientes para tener una primera impresión de la otra persona. Después de cada una de ellas, se rellena un pequeño cuestionario de valoración y, al final del evento, el coordinador intercambiará los teléfonos de aquellos perfiles que hayan aceptado conocerse.

Aunque la mejor forma de saber cómo funciona un *speed dating* es que te lo cuente alguien que haya participado.

> Me habían dicho que fuera puntual, que si llegaba una vez empezado el evento ya no me dejarían participar y, además, perdería los quince euros que me había costado inscribirme. Aún no entiendo cómo me dejé liar por mi hermana para apuntarme a un *speed dating*, pero como ya estaba hecho me dije: «Total, no tengo nada que perder», así que, como me citaron a las nueve en el pub donde tendrían lugar las citas, a las ocho y media ya estaba en la puerta como un clavo.
>
> A la entrada, estaba la *love coach* coordinadora del evento, quien, tras saludarme, me entregó una carpeta con las fichas que debía rellenar cada candidato, me puso una pegatina en el pecho con mi nombre y me comentó que las chicas debíamos subir a la planta de arriba (que estaba reservada para el evento) e ir eligiendo mesa a la que sentarnos, mientras que los chicos esperarían en la barra de la planta baja hasta que diera inicio la velada.

La planta de arriba estaba llena de mesas pequeñas con dos sillas en cada una. También había corazones y globos por todos lados y música de ambiente suave. Le pregunté a la *coach* la edad media de los participantes y me dijo que estaba entre los 35 y 45 años, algo que me tranquilizó ya que yo me temía que en este tipo de actividades las edades fueran dispares (yo tengo 34 años) y me encontrase contando los minutos para irme. Pero la *love coach* me aseguró que en el tema de las edades son muy estrictos, ya que es lo que puede hacer triunfar o fracasar la actividad (independientemente de que luego haya *feeling* o no), y que estuviese tranquila, que los diez chicos (éramos diez chicas también) que estaban inscritos tenían esa media de edad, igual que nosotras.

Lo cierto es que esta franja de edad es complicada: divorcios, rupturas y vuelta a empezar de cero. Yo ya estaba cansada de discotecas y de salir por salir. No me cabe duda de que, aunque digamos que venimos por divertirnos, lo que vamos es en busca del amor, si aparece.

Comenzaron a llegar el resto de las mujeres y supusimos que abajo estaría ocurriendo igual con los hombres. Subió un camarero a preguntar si queríamos ya la consumición (que entraba dentro del precio) o la preferíamos más tarde. Yo la pedí en ese momento porque estaba nerviosa y cuando me pongo nerviosa me da picor de garganta, ¡y no era plan! Así que pedí una limonada. Lo cierto es que lo que me apetecía era un ron con limón, pero me dio corte. No sé. No lo vi apropiado. Aunque luego me fijé en que alguna que otra tenía su gin-tonic o su ron cola. Pero, bueno, yo con mi limonada.

A las nueve menos diez subió la *coach* para decirnos que sacáramos las hojas de la carpeta y para darnos las pautas de cómo rellenarlas. Nos explicó que arriba debíamos poner nuestro nombre y en las columnas (había diez, una por chico) escribir el nombre que figura en la pegatina de cada uno y tachar lo que procediera: «Me gusta», «No me gusta», «Quiero su teléfono», «Quiero que le den mi teléfono».

Nos explicó que cuando sonase el gong por primera vez tendríamos 7 minutos para hablar con el chico que se sentase en la mesa y al oír nuevamente el gong se levantarían ellos (nosotras no nos moveríamos en ningún momento) y dispondríamos de 2 minutos para rellenar la hoja, hasta que sonase de nuevo el gong y se sentara un nuevo candidato.

Nos dijo que una vez concluido el evento recogería las carpetas y en las siguientes 24/48 horas nos enviaría un correo electrónico con el teléfono de aquellos candidatos con los que hubiéramos coincidido en el deseo de conocernos.

A las nueve menos cinco comenzaron a subir los chicos. A primera vista era cierto que todos estaban entre los treinta y pico y los cuarenta y pocos años. La *coach* les indicó que se sentaran en la mesa que quisieran (cada mesa iba numerada) y que al oír el gong podríamos comenzar a hablar.

Sonó el primer gong y en mi mesa se sentó un chico moreno y delgado. «Hola, soy Alberto, y tú Carmen, ¿verdad?». (Obviamente. Llevo puesto el nombre en la pegatina. Empezábamos bien...) Nos dimos la mano a modo de saludo y me contó que tenía 38 años, que acababa de salir de una relación de años, que trabajaba en unos grandes almacenes, que le gustaba el arroz con sepia ¡y no me dio su número de calzado de milagro! Apenas pude decirle mi edad y poco más. Estaba deseando que sonara el gong de nuevo. Y, por fin, ¡gong! Dos minutos para anotar si queríamos intercambiar teléfonos. Me hizo falta medio segundo para poner «NO».

Sonó el gong y se sentó otro chico, lo miré de reojo mientras tomaba un sorbo de limonada. Nos saludamos y me preguntó directamente si tenía hijos, porque él buscaba una relación con alguien sin ataduras. Yo no tengo hijos, pero como no me gustó esa forma de entrar, lo taché de mi lista. Nuevo gong y nuevo chico. Esta vez se sentó uno alto, delgado pero dentro de lo normal, con gafas modernitas y vestido de forma impecable. Me gustó la camisa de Calvin Klein que llevaba. Me dijo que se llamaba Adrián, que tenía 36 años, era soltero, abogado, y que trabajaba en un bufete junto a dos socios más. Me preguntó cosas sobre mí, mis gustos y aficiones. Pero no me preguntó por el estado civil, ni por los hijos, ni por el trabajo como los anteriores. Sonó el gong y se me hizo corto. Esta vez puse un «SÍ» enorme en la tarjeta. Aquel chico tenía algo que me gustaba. Por mi mesa terminaron de pasar el resto de participantes, algunos más plomos que otros, pero el único que me hizo tilín fue Adrián.

Acabó la velada y la *coach* recogió las carpetas y nos recordó que recibiríamos un correo electrónico con las coincidencias y los teléfonos de aquellas personas con las que hubiéramos estado de acuerdo en querer conocernos. Nos agradeció la participación y nos emplazó a asistir a próximas citas.

A medida que salíamos comenzamos a hablar unos con otros y la *coach* nos dijo que, aunque habláramos entre nosotros y nos quedáramos luego en el local, ni diéramos, ni pidiéramos teléfonos, que las coincidencias se enviarían por correo electrónico. Yo lo vi bien porque así te evitas tener que decir que no a algún pesado que se empeñe en quedar y que no te guste.

El grupo de chicos y chicas que habíamos participado nos quedamos en el local, porque era muy coqueto, con música agradable, zona de copas, catering...

Al rato de estar intercambiando impresiones con otra de las participantes, noté que me tocaban el hombro y al volver la cabeza vi que era Adrián. El chico que me había gustado.

Me preguntó si quería tomar algo y le dije que sí. Nos fuimos a la barra, pedimos una copa y nos sentamos en unos sillones orejeros estilo barroco que había junto a una mesa, en una esquina del local. Hablamos durante toda la noche sobre nuestras cosas y cuanto más hablábamos, más me gustaba. Nos reímos mucho contándonos algunas anécdotas embarazosas y cuando me quise dar cuenta eran ya las tres menos cuarto y el local estaba a punto de cerrar.

Nos despedimos al llegar a mi coche y él me dijo: «He pasado una noche muy agradable. Ahora hay que esperar a ver si mañana recibimos un correo electrónico, ¿no?». Reconozco que en este punto dudé sobre si él quería verme de nuevo o no, pero la suerte ya estaba echada. Nos despedimos con un «Hasta la próxima».

Eran las nueve de la mañana y ya tenía encendido el portátil con el correo abierto. No recuerdo haber esperado nunca un correo con tantos nervios. Creo que algo así les debía de pasar a las chicas antiguamente, cuando no había Internet y las cartas era la única forma de comunicarse con el novio.

Un café. Repasé las notas de mi trabajo, me duché. Miré el correo. Nada. Sentía como bocados en el estómago, y no eran de hambre, era como un nudo... «¡Qué tonta! Carmen —pensé—, a ese chico lo has conocido hace unas horas, no es para que estés así, ¡por Dios!»

De repente, miré el correo y tenía uno de la *love coach*. Asunto: «Coincidencias». Tres, dos, uno, abro el correo. Había cuatro nombres que querían mi teléfono, pero que a mí no me interesaban en absoluto y, de pronto: «Adrián ha solicitado tu teléfono de contacto. Como hay coincidencia te proporcionamos también el suyo. Tel. xxx-xxx-xxx. Felicidades».

¡Síííííííííííí!

Para resumirlo, os diré que un rato después Adrián me llamó y quedamos para cenar. De eso hace hoy exactamente dos años y seguimos juntos y enamorados. Para nosotros acudir a un *speed dating* fue el inicio de nuestra historia.

Además de los *speed dating* tradicionales, como el que nos ha contado Carmen, existen variantes que dan lugar a otro tipo de eventos destinados a encontrar pareja.

Cook dating

El origen del *cook dating* lo encontramos en el restaurante Atelier de Fred, en la emblemática ciudad de París. Consiste en reunir un grupo de ocho a diez personas (siempre un número par) en torno a unos fogones para que se conozcan mientras cocinan. Como en el *speed dating*, cada participante lleva su nombre en un lugar visible.

Slow dating

El *slow dating* se podría decir que es lo contrario del *speed dating*. Aquí la velada se desarrolla en el marco de una cena glamurosa donde no tienen cabida las hamburguesas, tapas o pizzas, y en la que se degustan vinos de calidad y platos a la carta. Evidentemente, esta variante tiene un coste de participación mucho más elevado que el *speed dating* tradicional (a partir de cincuenta euros) pero la ventaja del *slow dating* es que el grupo de comensales es reducido: tres o cuatro hombres y tres o cuatro mujeres (el número de hombres y mujeres siempre coincide) y normalmente se persigue crear un ambiente distendido y compacto en el que el común denominador sea el nivel social, intelectual y la franja de edad. Además de, por supuesto, estar libre de relación alguna y buscar la pareja ideal. Otro detalle muy importante es que para participar en una de estas cenas hay que realizar necesariamente un *casting* que garantice los perfiles compatibles de los participantes.

Sky dating

Es una variante poco conocida de *speed dating* organizada por primera vez por la empresa Match.com en colaboración con la aerolínea Sky Europe Airlines. Esta es una propuesta sin duda innovadora. Se realiza en el aire en grupos de treinta a cincuenta chicos y chicas que tendrán la oportunidad de conocerse en pleno vuelo. Los participantes se sientan en el asiento indicado en sus fichas o tarjetas y cada cinco o siete minutos deben cambiar de asiento hasta completar un máximo de diez citas mientras dura el vuelo. Imprescindible: no tener miedo a volar.

¿Es posible encontrar pareja en una discoteca?

Uno de los primeros lugares en los que piensa todo el mundo cuando se habla de salir a conocer gente es la discoteca. Sin embargo, en este apartado quiero centrarme en un tipo concreto de ellas: las discotecas especializadas en fiestas para *singles*. Ya hemos dicho anteriormente que una de las claves del éxito a la hora de buscar pareja es asistir a actividades o eventos con personas con las que podemos tener alguna cosa en común. Por eso, a la hora de elegir una discoteca, las probabilidades aumentan si nos decantamos por una para *singles*. Al menos tendremos una cosa en común con el resto de los asistentes: habremos ido allí con la intención de buscar pareja.

Las fiestas para *singles*, como cualquier otra actividad, tienen ventajas e inconvenientes. La principal ventaja, como ya apuntábamos, es que están dirigidas a personas sin pareja. Suelen organizar fiestas temáticas (años sesenta, fiesta blanca, fiesta del semáforo, fiesta del candado, etc.) orientadas a que los asistentes socialicen. También hay locales especializados en franjas de edad. Los hay para gente con una media de cincuenta años, otros para gente de treinta y tantos, etc.

El principal inconveniente de estos locales es que no permiten afinar mucho el perfil. Ofrecen ocio, entretenimiento y un ambiente que invita a la socialización, pero no garantizan nada más en común al margen de la edad y el deseo de buscar pareja.

Por otro lado, también suelen estar muy masificados, lo que complica aún más la tarea.

Pero planteémonos la pregunta importante: «¿Es posible encontrar pareja en una discoteca?». Estamos de acuerdo en que conocer a alguien en una discoteca (sea de *singles* o no) es complicado si la intención es entablar algún tipo de conversación. La música a todo volumen, las luces intermitentes y la gente bailando no proporcionan el ambiente más propicio para encontrar pareja. Pero, aun así, no hay que dejar pasar ninguna oportunidad.

A veces, el problema radica en que, cuando vamos a una discoteca y vemos a alguien que nos gusta, no sabemos cómo «entrarle». Cómo hacer para conocerlo. Si te has visto alguna vez en una situación similar y no has sabido qué hacer, voy a explicarte un sencillo sistema en tres pasos, que, cuando lo domines, te permitirá ampliar tu campo de acción.

Las tres llaves para ligar en la discoteca

1ª Llave. Contacto visual: busca y fija tu objetivo

Las discotecas o pubs suelen ser lugares donde, debido al elevado número de personas, la falta de luz y la música, resulta difícil llamar la atención de alguien en quien te hayas fijado. Por eso, es indispensable hacerse notar para poder establecer el primer contacto visual.

Lo primero que hay que hacer es captar la atención de la persona que nos interesa lo antes posible. En este caso, el factor tiempo es clave y puede jugar en nuestra contra, por eso es importante no perder tiempo pensando cosas como: «No sé qué hacer», «¿Me atrevo o no?», «¿Y si me manda a freír espárragos?», etc., y pasar a la acción, demostrando que tenemos ese carisma que atrae a los demás. Si no te das prisa, alguien puede adelantarse.

Para captar la atención de alguien lo más importante es **controlar el espacio.**

Cuanto más espacio empieces a ocupar en la zona de influencia de la persona que te gusta, más fácil te será establecer el primer contacto visual. No se trata de bailotear ni de hacer el ganso, sino de acercarte al lugar donde está la persona que te interesa y transmitir seguridad mediante el lenguaje corporal (hablaremos en profundidad de esto más adelante): espalda erguida, cabeza alta y mirada seductora. En el caso de los hombres podemos añadir alguna postura corporal masculina (piernas separadas) y en el de las mujeres, algún gesto femenino (jugar con un mechón de cabello, tocarse sutilmente el lóbulo de la oreja, etc.) y, por supuesto, una sonrisa. También puede ser interesante hacer un guiño a otra persona que no sea la que te interesa, eso despierta atracción. Pero lo que no debes hacer en ningún caso es ir solo o sola a la barra del bar. Tienes que mostrarte sociable. Piensa que en este momento es en el que transmites la imagen que quieres dar a los demás. Céntrate en la primera impresión que quieres ofrecer y ¡muéstrala!

2ª LLave. Señales de invitación: objetivo localizado

Una vez que hayas logrado hacerte ver, llega la parte en la que debes transmitir el mensaje de: «¡Oye, estoy aquí y quiero conocerte!». Así que tendrás que lanzar tus «señales de invitación».

¿Cómo lanzas esas señales? El primer paso es acercarse. Como en una discoteca lo normal es bailar, hazlo sin problemas, pero asegúrate de que la persona que te interesa te vea bailar mientras tú, sutilmente, la miras y sonríes. Unos segundos son suficientes, luego mira hacia otro lado y conversa y sonríe con el resto de amigas o amigos que te hayan acompañado a la discoteca. Al cabo de unos minutos, date la vuelta y vuelve a mirar a la persona que te gusta. Seguramente te encuentres con su mirada, lo que querrá decir que ha captado el mensaje.

3ª Llave. Toma de contacto: cómo pedirle el teléfono

Una vez vuestras miradas se hayan encontrado varias veces, haz un gesto con la mano a la otra persona para que te acompañe en el baile. No te preocupes si no reacciona a la primera. Mucha gente se queda bloqueada unos segundos, sin saber qué hacer o qué decir, ante una reacción inesperada. Tú no te preocupes. Vuelve a hacer el gesto con la mano e invita a esa persona a bailar. Te aseguro que a la segunda vez se acercará a la pista, y entonces solo queda presentarte: «Hola, me llamo... ¿Cómo te llamas?». Y arrancar la conversación.

Un pequeño apunte al respecto. Debes tener presente que hablar en una discoteca es muy diferente a como lo harías en otro lugar. Mientras que en una cafetería, restaurante o parque controlas el tono de voz para que sea sutil y pausado, aquí es más bien al contrario: debe ser enérgico y expresivo. Tendrás que gesticular un poco más de lo normal (expresión facial, de manos, etc.) y tu voz debería pasar un poco por encima de la música del local. No hay nada peor cuando conoces a alguien en una discoteca que tener que ir preguntando: «¿Perdona, cómo has dicho que te llamas? ¡No te he oído!». ¡Con lo que te ha costado decidirte! Una voz bajita en una discoteca no genera atracción. En otras circunstancias sí, pero no en esta.

Lo normal es que tras un breve espacio de tiempo bailando —recuerda que el baile ha sido la herramienta para conectar y acercarse, pero, una vez conseguido el propósito, no es cuestión de estar toda la noche en la pista—, con la excusa de tomar algo de beber, vayáis a un lugar más tranquilo a continuar conociéndoos y hablando. Si estás con un grupo de amigos, aprovecha y preséntaselos.

Ahora llega el momento de pedirle el número de teléfono. No esperes al final de la velada para hacerlo, es mucho mejor hacerlo a mitad de la noche, y el momento idóneo es aquel en el que te esté contando algo que le gusta, alguna afición que le apasione o, incluso, cuando notes que se interesa por lo que le estás contando. Aprovecha esos momentos y tendrás el éxito asegurado.

Encuentra a tu pareja en tu día a día

Además de lo que hemos visto hasta ahora, el día a día nos ofrece infinidad de oportunidades para conocer a alguien. Es tan sencillo como ir con los ojos bien abiertos y no dejar pasar ninguna oportunidad.

Por ejemplo, seguro que vas a menudo al supermercado. Ya sea a hacer la compra del mes o a por una simple barra de pan, seguro que tienes que acabar haciendo cola (sí, ya sé que en muchos supermercados tienen cajas rápidas..., pero todos sabemos que, en realidad, no lo son tanto). Cuando estés en la cola, mira a tu alrededor, ¿hay alguien interesante? Que un día no haya nadie que te guste no quiere decir que al día siguiente no vayas a encontrar a la persona ideal.

Supongamos que ves a alguien a quien te gustaría conocer y que por su aspecto te parece interesante. ¿Por qué no te atreves a dar el primer paso? Primero establece contacto visual (como hemos visto antes en la discoteca); si te devuelve la mirada, es que vas por buen camino. Después solo queda sonreír y comentar algo que invite a responder. Por ejemplo: «Se me hacen eternas las colas; no sé a ti, pero a mí me desesperan». O: «Ya podrían poner una caja "superrápida", ¿no?». La cuestión es entablar conversación y preguntar sutilmente: «¿Vives por aquí?» y, según responda, aprovechar para comentar algo del barrio o la zona. O bien: «¿Vienes siempre a este súper?» y, dependiendo de lo que conteste, le preguntas si ha probado determinado producto, para saber si está bueno o merece la pena comprarlo.

Cuando te despidas dices: «Bueno, ¡hasta el próximo día que coincidamos!». Seguro que te encontrarás con él o ella en otras ocasiones, solo que entonces ya tendrás el camino abierto para hablar, guardarle sitio en la cola, etc. Quién sabe qué puede pasar...

Este ejemplo, por supuesto, sirve para cualquier otro lugar en el que nos vemos obligados a esperar: el médico, el autobús, el metro, el gimnasio..., ¡donde sea! Nunca sabes dónde vas a encontrar a una persona que despierte tu interés.

Otra alternativa excelente para ampliar tu círculo de amistades es organizar una fiesta **A de A (amigos de amigos).**

Este tipo de fiestas consiste en que el anfitrión, en este caso tú, invita a una fiesta en su casa a amigos y conocidos, pero con una condición: cada uno de ellos debe venir acompañado de, al menos, un amigo que el anfitrión no conozca. Estas fiestas suelen ser muy divertidas y una forma excelente de conocer a nuevas personas con las que, al menos, ya tienes un amigo en común.

Aunque ahora seguro que estás pensando en qué hacer en la fiesta, en cómo acercarte a las personas o cómo presentarte. En definitiva, en cómo dar el primer paso (ya sabes, salir de la zona de confort). Pues bien, te voy a dar cinco reglas básicas para conocer a gente nueva.

Cinco reglas básicas para conocer a gente nueva

No pasa nada por estar nervioso o mostrar timidez. Eso sí, intenta poner de tu parte y pintar una sonrisa en tu cara. Que no piensen que te aburres o, peor, ¡que eres un soso!

Preséntate. Así de sencillo. Acércate a la gente, preséntate y pregúntales su nombre, por qué están allí, cuéntales algo de ti. A partir de ese momento dejarán de ser desconocidos.

No muestres desesperación. Si parece que estás desesperado por conocer gente o no paras de repetir que tie-

nes poca vida social, estarás dando una imagen de alguien aburrido y no lograrás hacer sentir nada especial a la persona con la que estés hablando.

- Inicia conversaciones. En ocasiones, comenzamos con mal pie porque usamos preguntas cerradas, por ejemplo: «¿Cómo estás?», que tienen como consecuencia respuestas también cerradas: «Bien, gracias». Hay que hacer preguntas que exijan un momento para pensar la respuesta. Una buena opción es preguntar «¿De dónde eres?», ya que abre la puerta a seguir con la conversación: «Fui un año de vacaciones», «Tengo familia allí», «Me encanta la gastronomía de esa zona», etc.
- Como norma general, escucha más de lo que hables. Está demostrado que mostrar interés por tu interlocutor te hace más interesante. No es magia, la psicología de la persuasión ha demostrado ampliamente que gustamos más a aquellas personas que saben que nos interesan. Así que, si quieres triunfar, recuerda, además, hacer algún cumplido en momentos puntuales.

Paso 7

Cómo triunfar en las citas

Recuerdo haber hablado con mi abuela sobre cómo era buscar pareja en su época y lo sencillo que parecía. Un cruce de miradas o una sonrisa bastaba para que la otra persona supiera que te gustaba. Después de aquello, al cabo de poco, se iniciaba el noviazgo. En aquella época no existían las citas, y menos aún como las entendemos hoy en día. Solo un hombre y una mujer que se gustaban. Nada más. Tampoco había discotecas. La forma más habitual de conocerse eran los bailes populares o a través de amigos comunes. En fin, que todo era más sencillo.

Hoy en día ir a una cita es algo así como presentarse a un examen de selectividad. Hay que llevar aprendidas las materias si quieres aprobar. Sí, soy consciente de que suena frío y calculado, e incluso poco romántico, pero es así. Y como las cosas funcionan de esta manera, mejor ir preparados y sabiendo el terreno que pisamos.

Todo ha cambiado con respecto a la época de nuestras abuelas. Sobre todo, tenemos menos tiempo para salir, llegamos con ideas predeterminadas, no queremos cerrarnos puertas… La parte positiva es que disponemos de medios para conocer a otras personas que antes eran inimaginables: agencias matrimoniales, páginas web de citas, *speed dating*, redes sociales o *love coach* que, además, nos enseñan a evitar errores, a seducir, etc.

Las reglas de lo que antes se conocía como el «cortejo» se desdibujan y ya nadie sabe qué resulta más apropiado hacer o decir. Y, claro, así es fácil acabar metiendo la pata, por ejemplo, hablando de citas anteriores o de la actual, con la intención de darte importancia o parecer más atractivo, cuando, en realidad, es justo lo contrario.

Por eso, te propongo analizar una historia real y aprender de sus errores. Vamos allá.

María tiene 34 años y hace tres que terminó su relación con Armando. Una relación algo complicada que la empujó a poner el punto y final. Al principio, María vivió una época algo inestable porque a menudo tenía sentimientos encontrados. Por un lado, estaba segura de haber tomado la decisión correcta, pero, por el otro, a veces, cuando llegaba a casa del trabajo y cerraba la puerta, la invadía una sensación de vacío y soledad que la hacía dudar durante un segundo sobre esa decisión.

Sin embargo, después de tres años, María se siente preparada para reemprender su vida sentimental y, lo más importante, volver a enamorarse y tener pareja. Desde que rompió con Armando se ha dedicado plenamente a su trabajo como decoradora de interiores, y el tiempo libre lo ha dedicado a su familia, especialmente a sus sobrinos, a los que lleva a hacer volar cometas, montar en bici o comer en el campo cada fin de semana. Así que, después de tres años de inactividad en ese terreno, llegó el momento de volver al mercado.

Un buen día decidió aceptar, ¡por fin!, la invitación para salir que sus amigas le habían venido haciendo sin falta cada fin de semana. Quedó con ellas el viernes pasado a las 20:30 para picar algo antes de ir a tomar una copa en alguno de los locales de moda que hay por Barcelona.

Todo iba bien al principio. Cenaron en una cervecería de tapas que hay en la Rambla y después se dirigieron a la zona alta para tomar una copa en uno de los exclusivos locales que allí se encuentran. Una de sus amigas conocía al encargado del local y fueron a saludarlo y a tomar algo. María no se sentía cómoda, no estaba segura de sí misma. Tanto tiempo en pareja y tres años de soledad habían hecho mella en su confianza y autoestima.

El encargado del bar de copas en cuestión se llamaba Carlos, hacía poco que se había divorciado y en cuanto le presentaron a María empezó a tirarle los tejos. Meses más tarde, María me contó que había experimentado sentimientos encontrados: «Era como si en una batidora pones timidez, sofoco, satisfacción, alegría y miedo, ¡y lo bates todo!». Pero el caso es que Carlos le gustaba. Lo veía atractivo, aunque tuviese 10 años más que ella. Al final, aquella noche acabó con una cita para comer al día siguiente.

Eran las diez de la mañana y María ya estaba lista. Apenas había dormido dos horas porque los nervios le habían impedido conciliar el sueño. Habían quedado en que Carlos pasaría a buscarla a las doce para ir a dar una vuelta por el puerto, tomar una cerveza y comer luego en un restaurante del barrio Gótico que conocía Carlos.

Aunque veinte minutos tarde, Carlos llegó hecho un pincel a buscar a María y, como ella vivía cerca de la zona del puerto, decidieron ir a pie. Cuando ella bajó, él le cogió la mano y, con un gesto de romanticismo peliculero, la besó. Esto provocó la risa de María y Carlos vio su objetivo cumplido: romper el hielo.

Comenzaron a charlar y a pasear. Carlos le contó que era un gran aficionado al mundo del vino y le preguntó si a ella le gustaba, a lo que María respondió que sí, que un buen vino puede hacer pasar por alto una mala comida. Él comentó que algún día podían ir a una cata de vinos, ya que estaba seguro de que le iba a gustar. También le habló del tipo de música que le gustaba e incluso le contó algunas anécdotas de su niñez. Hasta aquí, todo iba bien, pero entonces se sentaron a comer. En aquel momento María ya estaba relajada y tranquila y empezó a contarle los detalles de su ruptura con su expareja. Le habló de lo mala persona que era. De los cuernos. De las adicciones que tenía. De lo que había tenido que aguantar. De la terapia psicológica que hubo de seguir para superar la ruptura. Aunque repetía una y otra vez que había sido ella quien había dado el paso.

Terminaron de comer y tomaron el café en la terraza contigua al restaurante. Mientras Carlos encendía un cigarrillo, le dijo que no tenía que mirar atrás, sino hacia adelante. A lo que María le respondió que por supuesto que pensaba mirar adelante, que, de hecho, ella estaba abierta a empezar una nueva relación, pero que tendría muy presente su pasado para no volver a vivir lo mismo. Que ella tenía claro lo que quería en un hombre. Carlos le respondió: «Y, con lo que has pasado, ¿no sería mejor saber lo que no quieres en un hombre?». María aseguró: «No. Yo quiero un hombre que me respete, que me valore, que aporte economía, ayuda doméstica, que me dedique tiempo y tenga en cuenta mi espacio...».

Terminaron el café y Carlos la acompañó a su casa, porque debía entrar a trabajar. Aunque el local de copas no abría hasta las ocho, tenía que estar allí a las cuatro. Se despidió de María con dos besos en la mejilla y quedaron en llamarse.

María no volvió a saber nada de Carlos. «¿Qué pasó? —se preguntaba María—, no lo entiendo, todo iba bien y parecía tener interés. Y, de repente, ya no me llama más. ¡Lo que ocurre es que ellos no tienen claro lo que buscan!»

Y ahora yo te pregunto a ti si estás de acuerdo con el razonamiento de María.

Este es un ejemplo claro de cita que comienza bien, con interés mutuo, pero acaba fatal.

Yo podría decirte los aciertos y errores que se han cometido en esta cita, pero prefiero que me los digas tú. Te propongo el ejercicio de escribir aquí debajo los aciertos y errores que crees que han cometido uno y otra. (Al final del libro te daré mi opinión.)

Creo que los errores han sido:

....

....

....

....

....

....

....

....

....

....

....

....

....

Creo que los aciertos han sido:

....

....

....

....

....

....

....

....

....

....

....

....

....

La primera cita

Imagina que has conocido a alguien y habéis quedado para tomar un café y conoceros, lo que entendemos como una primera cita, vaya. A medida que se acerca el momento te empiezan a asaltar mil y una preguntas y dudas sobre qué hacer, cómo actuar, qué decir... Pues bien, te voy a dar una serie de consejos y pautas para triunfar en las citas. ¡Sobre todo en la primera!

La primera cita es un día o momento especial. Es normal sentir nervios, ansiedad. No conoces a la otra persona o, si la conoces, seguramente haya sido a través de Internet y no os habréis visto en persona.

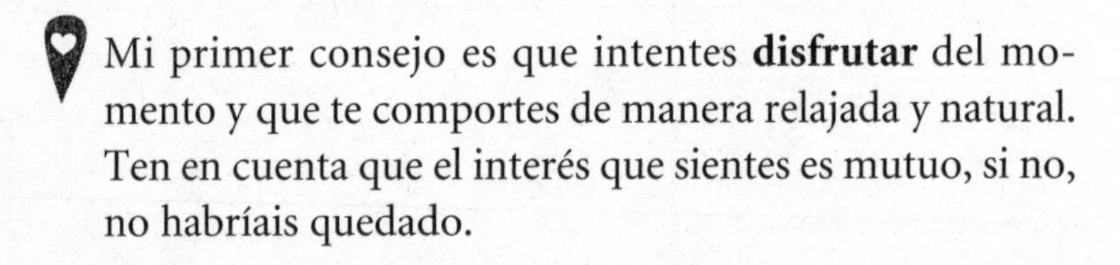

Mi primer consejo es que intentes **disfrutar** del momento y que te comportes de manera relajada y natural. Ten en cuenta que el interés que sientes es mutuo, si no, no habríais quedado.

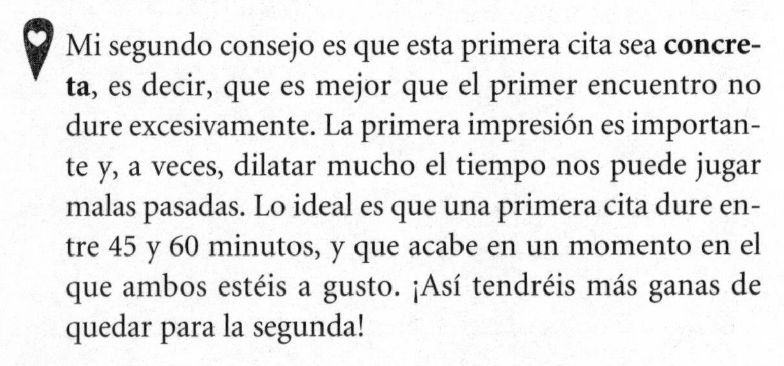

Mi segundo consejo es que esta primera cita sea **concreta**, es decir, que es mejor que el primer encuentro no dure excesivamente. La primera impresión es importante y, a veces, dilatar mucho el tiempo nos puede jugar malas pasadas. Lo ideal es que una primera cita dure entre 45 y 60 minutos, y que acabe en un momento en el que ambos estéis a gusto. ¡Así tendréis más ganas de quedar para la segunda!

Mi tercer consejo es: **puntualidad.** Cuando acudes a una cita, hay que dejar de lado los consejos de quienes te dicen que te hagas de rogar o que es mejor hacer esperar un poco a la otra parte, porque así generas interés. ¡Nada de eso! Al contrario. Si llegas tarde a la primera cita estarás dando a entender a la otra persona que no te interesa mucho, además de lo descortés que resulta ser impuntual. Esto tampoco quiere decir que, si alguien se retrasa porque no ha encontrado sitio para aparcar o algún impedimento de este tipo, esto se vaya a convertir en una tragedia. En ese caso, lo mejor y más correcto es llamar a la otra persona y explicar la situación, el motivo del retraso.

Mi cuarto consejo se refiere al **lugar.** Para la primera cita es aconsejable quedar en un lugar tranquilo pero céntrico. Por ejemplo, una cafetería con estilo, de esas que puedes estar sentado tomando un café mientras suena música suave. Me refiero a que tampoco vale cualquier cafetería para acertar. Nada de lugares masificados, llenos de mamás con niños, perros y murmullo de gente hablando al mismo tiempo. Lo importante de la primera cita es que ambos estéis cómodos. Y, por supuesto, debes decidir el sitio con antelación. Nada de improvisar y nada de cine. Tampoco es aconsejable quedar para cenar. ¿Y si no te gusta? Te pasarás toda la noche con cara de pocos amigos y deseando acabar la cena para marcharte. Mejor dejar la cena para la segunda cita.

Mi quinto consejo se refiere a **cómo romper el hielo.** Ya habéis llegado los dos a la cita y estáis sentados en una cafetería. Y ahora ¿qué? Ahora se presenta el momento incómodo de charlar cara a cara con un desconocido y no tener ni idea de qué decir. Sabes de lo que hablo, ¿verdad? Lo mejor en estos casos es empezar la conversación hablando del lugar en el que os encontráis. Puedes decir por qué te gusta, hacer comentarios sobre la música, lo que se te ocurra. Una vez roto el hielo, la conversación puede girar en torno a temas neutros para ambos, cosas como los viajes o los deportes que os gustan dan mucho juego. También sirve hacer preguntas para obtener información sobre vuestra cita, pero sin que parezca un interrogatorio. Puedes preguntar si le gustan los animales, o si prefiere quedarse en casa o salir, cosas sencillas que te pueden ayudar a conocer más a la persona. También hay preguntas que te servirán para conectar emocionalmente con quien tienes delante y son las que hacen referencia a los recuerdos bonitos de su vida. Con estas preguntas lograrás que la otra parte te cuente algo personal y que, posteriormente, cuando seas tú quien le hable de tus recuerdos, te escuche con atención, lo que creará una conexión entre ambos.

Mi sexto consejo es respecto a **lo que debes evitar.** Tan importante como saber de qué hablar es saber de qué no hablar. En una primera cita nunca nunca se debe hablar de: religión, exparejas, política, dietas o visitas al psicólogo. Ya habrá tiempo para todo ello si la cosa sigue adelante.

Mi séptimo consejo es respecto a los **tiempos.** Recuerda que una conversación es cosa de dos. No monopolices la charla. Intenta controlar el tiempo.

Mi octavo consejo es respecto al **lenguaje no verbal.** Este tema es muy importante, ya que con pequeños gestos podemos hacer que resulte brillante nuestra cita. Por ejemplo, recuerda el truco del triángulo invertido que ya hemos visto (mirar a los dos ojos y luego a la boca) y sonreír para provocar la sonrisa a la otra parte.

Ten en cuenta que, cuando alguien está interesado en ti, te mira a la cara y a los ojos. Si, por el contrario, no existe interés, te mirará ocasionalmente, alternando con otras miradas al resto del local, a alguien que pase cerca de la mesa o al reloj. Cambiar de posición constantemente también indica falta de interés. Si captas estos síntomas, pon fin a la cita y no pierdas el tiempo con esa persona.

Mi noveno consejo es respecto al momento de **terminar la cita.** Si todo ha ido bien y llega el momento de despedirse y a ambos os gustaría tener una segunda cita, no concretéis detalles. Dejadlo para hacerlo por teléfono. Quedad en el día y la hora para llamaros y entonces podréis hablar sobre qué hacer y adónde ir. Así tendréis tiempo de pensarlo con tranquilidad. Recuerda que, sobre todo al principio, es mejor no improvisar.

Afianza la segunda cita

Eran las dos de la madrugada y Pablo no paraba de dar vueltas en la cama. Hacía apenas unas horas que su cita a ciegas le había llevado a conocer a Isabel, y desde el momento en el que habían cruzado sus miradas y ella le había dicho: «Hola, ¿eres Pablo? Soy Isabel», con aquella sonrisa, él había sabido que era la mujer que había estado esperando.

Pablo era un soltero de los de toda la vida, lo que podríamos llamar un *single* por convicción. Las relaciones a largo plazo no iban con él, y a sus 46 años aún creía que solo cambiaría de opinión si aparecía algún día la mujer de su vida, a quien, por supuesto, reconocería nada más verla. O al menos eso solía decir. Tres días antes de la cita, Juan, su amigo de toda la vida y compañero de bufete, le había dicho que la prima de su mujer se había separado hacía ya más de un año y que estaba pasando el mes de agosto con ellos en casa (ella era de Madrid y Pablo y su amigo vivían en Alicante). Le propuso presentársela para que Isabel, que así se llamaba la prima de su mujer, conociera a alguien para salir a tomar algo y demás. Pablo le dijo que, por él, perfecto (no sin antes preguntar por su edad y algún rasgo físico). Así que Juan le había dado el teléfono de Isabel a Pablo y este la había llamado la tarde siguiente para quedar a tomar un café.

Cuando se encontraron, Pablo le propuso ir a una cafetería que estaba en el casco antiguo de la ciudad, un sitio acogedor y tranquilo donde poder conversar. Pablo no podía dejar de mirar a Isabel. Su cabello castaño ondulado y aquellos ojos negros que contrastaban con el blanco de su piel y el rojo de sus labios. Su voz y su risa discreta le acabaron de cautivar.

Habían quedado a las siete de la tarde y, de repente, ¡eran las nueve! A Pablo jamás se le había pasado el tiempo tan rápido. Habían hablado de sus aficiones, de sus viajes, de sus gustos. Había sido Isabel quien había dicho que lo estaba pasando muy bien, pero que tenía que marcharse porque había quedado con su hermana y sus sobrinos para ir al cine. «Ya sabes —había comentado con una sonrisa—, quien no tiene hijos ¡tiene sobrinos!» Pablo se había apresurado a pedir la cuenta no sin antes preguntar si tenía plan para cenar al día siguiente. A lo que ella respondió que ninguno que mereciera la pena. Así que Pablo se lanzó y le dijo: «Pues yo te voy a dar uno que sí la va a merecer. Quiero, si me lo permites, invitarte a cenar y tomar luego una copa para enseñarte la noche alicantina». Isabel contestó que perfecto y quedaron en que él la iría a recoger a las 9:30 de la noche del día siguiente.

Y así estaba Pablo, dando vueltas en la cama, convencido de haber conocido horas antes a la mujer de su vida. Como un flan y pensando en que en unas horas iba a volver a verla. No se explicaba por qué él, tan curtido en la soltería y con las ideas tan claras sobre las relaciones, se sentía de repente como un quinceañero nervioso ante su primera cita con una chica.

Pasó parte de la noche pensando en cómo hacer para que esa segunda cita fuera determinante y conseguir que Isabel se sintiera cómoda y feliz a su lado.

Pensó hasta en el más mínimo detalle: la ropa que se pondría, la colonia, los zapatos, en llevar el coche a lavar por la mañana, en seleccionar música romántica y que sonara en el coche cuando ella entrase, en comprar una flor, reservar en el Nou Manolín, uno de los mejores restaurantes de Alicante, y en el recorrido que harían dando un paseo por Alicante después de cenar, camino de uno de los locales de moda para tomar una copa escuchando música *chill-out*. Hasta había planeando temas de conversación. Quería saber cosas de ella: a qué se dedicaba, qué le hacía sonreír, qué recuerdo de su infancia conservaba con más cariño, qué sueños le quedaban por cumplir, sus anhelos, todo. Todo lo tenía pensado, porque no quería que esa segunda cita fracasase. Porque Pablo sabía que, si la primera cita había ido bien, la segunda debía ser determinante.

Lo que le ocurre a Pablo ante su segunda cita no es nada extraño. A él le ha gustado Isabel (si es o no la mujer de su vida, ya se verá) y quiere que todo salga bien en la segunda cita y no hacer o decir (o no hacer o no decir) algo que se malinterprete o que dé lugar a que Isabel no quiera continuar quedando con él.

Si la primera cita se aborda con nervios y, en ocasiones, con menos confianza de la que sería deseable, la segunda cita conviene afrontarla con menos nervios y más confianza.

En la segunda cita vamos a dejarnos conocer más, pero también vamos a prestar atención a determinados detalles de la otra parte, para saber si lo que ya nos gustó en la primera cita tiene posibilidades en esta segunda de dar lugar a una tercera, una cuarta y, en definitiva, de convertirse en nuestra pareja.

Es muy importante no parecer necesitado o desesperado y asegurarse de que la otra parte tampoco lo parezca. Se trata de gustar por nosotros mismos, no por miedo a estar solos o por otro motivo (dar celos a una expareja, por ejemplo).

Debes mostrar interés por sus cosas: a qué se dedica, su día a día, sus aficiones, lo que le gusta y lo que no le gusta. Al mostrar interés y curiosidad por lo que te cuenta estás enviando el mensaje de: «Me interesas». Durante la conversación, observa a esta persona y pregúntate si sería adecuada para ti. Observa si te hace reír (el humor es necesario en una relación), si es alguien atento y educado. No te fijes solo en cómo te trata a ti, sino también a los demás (cómo se dirige al camarero, por ejemplo). Fíjate en cómo se comporta: si se distrae cada vez que pasa alguien cerca o si mira constantemente a otras mesas o a su móvil está claro que su nivel de interés no es muy alto. En cambio, si está pendiente de ti, te mira a los ojos, sonríe, juguetea con el pelo o tiene el cuerpo inclinado hacia adelante, sabrás que le gustas.

Si la noche va bien, es decir, si, como era de esperar, ambos os habéis quedado con ganas de más, es importante manifestarlo antes de despedirse. Puedes decirle que has pasado una noche (o una mañana, o una tarde) muy agradable y que no te importaría repetir. Deja que sea tu cita quien dé el siguiente paso. Lo normal es que te proponga cuándo o dónde. Si siente lo mismo que tú te dirá: «¡A mí también me gustaría volver a repetir!». No te preocupes en exceso por el tema del beso. ¿Besar o no besar? Lo mejor es actuar con naturalidad y sin forzar las cosas. Déjate llevar por el momento. ¡Y piensa que ya tienes una tercera cita a la vista!

> Habían pasado cuatro días desde mi primera cita con Cristina y me dije: «Eduardo, decídete a llamarla de nuevo». Planeé una salida romántica. Caminar por el paseo de la playa para hablar mientras nos tomábamos un helado y veíamos romper las olas. Cuando la llamé el día antes de la segunda cita para quedar, estuvimos hablando por teléfono casi una hora y media y, en el transcurso de esa conversación, me contó como anécdota que se le había resbalado de las manos un frasco de perfume de marca recién abierto justo cuando iba a dejarlo en la repisa del baño, y añadió riendo que ahora su cuarto de baño era el más perfumado del edificio. Entonces pensé: «Pues voy a regalarle un frasco nuevo de perfume».
>
> El día de la segunda cita me presenté con el perfume envuelto en papel de regalo. Ella se sorprendió y se ruborizó

porque no lo esperaba. Charlamos caminando por la playa, hasta que nos sentamos en una heladería a tomar un granizado. A medida que pasaban las horas me sentía más a gusto. Y feliz.

La segunda cita terminó con una tercera cita. Esa noche la llamé. Volvimos a pasarnos casi dos horas al teléfono. Desde ese día nos llamamos a diario y nos ponemos mensajes de WhatsApp todas las mañanas. Y todas las noches. Para mí, la segunda cita fue la que abrió la puerta a mi estabilidad y felicidad de hoy.

Cómo lograr que se fijen en ti

¿Cuántas veces te has sentido invisible? ¿No te ha pasado nunca? Llegas a un lugar repleto de gente y sientes que no te ven.

Lograr que se fijen en ti es la primera etapa del proceso de ligar. Lo que normalmente se llama flirtear. Sé que hay personas que piensan que flirtear no requiere mucha técnica ni ciencia, pero no saben lo equivocadas que están. Para tener éxito y lograr que se fijen en ti existen una serie de máximas que no te puedes saltar si pretendes que esa posible cita se convierta en una cita real.

A continuación voy a resumirlas en forma de *love notes*. Las primeras son unisex, pero después me centraré en algunos consejos específicos para hombres y mujeres.

Mira

Cuando vemos a alguien que nos gusta y con quien queremos conectar, lo primero es establecer *contacto visual.* Está demostrado que un contacto visual intermitente y prolongado con una persona de nuestro interés genera un ambiente que propicia un acercamiento, pero hay que tener cuidado con las formas y el contexto para no meter la pata y ser malinterpretados. Recuerda que con los ojos evaluamos y etiquetamos a quienes nos rodean.

Escucha

La capacidad que tenemos los seres humanos de *escuchar* es una cualidad que nos puede ayudar a potenciar nuestro atractivo, ya que encontrar una pareja con quien poder hablar, compartir y que nos sepa escuchar es una meta perseguida tanto por hombres como por mujeres.

Sonríe

Que nunca falte una *sonrisa* en tu rostro. Además de emitir mensajes positivos, contribuye a que se fijen en ti y ayuda a realzar tu atractivo.

Muestra interés

Tienes que dejar claro a tu posible pareja que te interesa. Hacer cosas para que la otra persona perciba que te gusta inflará su ego y te hará ganar posiciones. Siempre con medida, por supuesto, porque, si no, corremos el riesgo de conseguir el efecto contrario. Como dato, te diré que el 50 por ciento de las primeras citas que fracasan fue porque una de las partes se pasó (de crítico, con su imagen, con sus gestos, etc.).

No hay nadie como tú

Todos los seres humanos somos irrepetibles. Tú también. Descubre aquello que te hace único y dale valor. Puede ser una afición, tu estilo, tu forma de pensar, tu trabajo o tu personalidad. Busca aquello que te diferencie del resto. Todos valoramos a aquellas personas que son diferentes al resto... ¡Presume de ello!

No seas quien no eres

Si hay algo que no le gusta a nadie es que le engañen, así que no finjas ser quien no eres. Cuando pillamos a alguien fingiendo ser quien no es, lo borramos de nuestra mente y colgamos el cartel de «No interesa». Así que, si quieres causar buena impresión, sé tal cual eres, solo que en tu mejor versión.

Busca puntos en común

Cuando conoces a alguien, uno de los principales factores que te hará seguir adelante con la primera cita es tener puntos en común. Averigua qué cosas le gustan a tu cita (música, cine, deporte, cocina...) y busca vuestro nexo de unión. Mencionar aquella cosa en la que coincidís te permitirá generar una conversación amena, dinámica y empática.

Love notes para ellos

Llevas días, incluso semanas, viéndola casi a diario y fijándote en su persona. Es atractiva, interesante, seductora, pero pasas inadvertido para ella, no sabes qué hacer para que se fije en ti de la forma en la que a ti te gustaría. Si realmente quieres que ella repare en ti, toma nota de estas *love notes*, ponlas en práctica y comprueba tú mismo los resultados.

Hazte notar

Esto está estrechamente relacionado con lo que hemos comentado anteriormente de mostrar aquello que te hace especial. Si eres un hombre optimista que sabe sacar una sonrisa, o si sabes hacerla reír, si eres un hombre que expresa sus ideas educadamente, o te consideras un hombre cortés y caballeroso, este será el primer paso para que ella se fije en ti. Concéntrate en conquistarla con tus cualidades.

Lo que valoran las mujeres

Si hay algo que las mujeres valoran en un hombre es que sea una persona con sentido del humor, inteligente y conversador. Las mujeres aman a aquellos hombres que saben escuchar mirando a los ojos, que son capaces de pasarse horas conversando sin perder la sonrisa, que logran hacer pasar las horas sin que se den cuenta. Las mujeres aman a los hombres inteligentes que saben adelantarse a ellas. Aman a los hombres que tienen el sentido del humor necesario en el momento preciso. Y si a eso le añades una pizca de romanticismo y caballerosidad, te habrás convertido en todo un seductor.

Muestra interés

Ya sabes que a las mujeres les encanta que las escuchen cuando tienen un problema o preocupación pasajera. Si, días después, muestras interés en saber cómo está ella o por el tema central de la preocupación, le estarás haciendo saber que te interesas tanto por ella como por sus circunstancias. Pero no conviertas este grado de atención en costumbre, porque corres el riesgo de dejar de interesarle como hombre y pasar a interesarle como amigo. Lo mismo ocurre con los piropos. Úsalos en su justa medida o parecerás un pesado. Y, sobre todo, si realmente te gusta, intenta no confundirla y, si te atreves, háblale abiertamente de tus sentimientos. A veces hay que arriesgar para ganar.

Love notes para mujeres

Ser mujer no te hace tenerlo más fácil a la hora de que se fijen en ti. Al igual que los hombres, las mujeres pueden pasar semanas o meses fijándose en alguien sin que él lo sepa. ¡Y eso es tremendamente frustrante! Por eso, toma nota de estas *love notes* e intenta ponerlas en práctica la próxima vez que alguien te atraiga.

Qué me pongo

Irremediablemente, cuando hablamos del tema de cómo hacer que un hombre se fije en ti, siempre sale a relucir el tema de la imagen. Una falda más corta, un escote de vértigo, taconazos. Vale, está claro que eso funciona, ha funcionado y funcionará, pero no centremos el cien por cien de nuestros esfuerzos en ello. Es obvio que a los hombres les gustan las mujeres atractivas, pero lo que para uno es importante, para otro no tanto. Por eso, analízate e intenta resaltar los puntos fuertes de tu físico sin dejar de ser sutil, elegante y femenina. Procura crear una imagen superfemenina sin caer en extravagancias ni ir superprovocativa. Por ejemplo: una falda ceñida justo por encima de las rodillas con blusa de gasa, o un vestido ceñido lo justo para marcar la silueta también por encima de las rodillas, zapatos tipo salón con tacón de aguja, un pequeño bolso de mano y complementos con personalidad (cuidado con esto, los complementos pueden captar la atención para bien ¡o para mal!). Cuando hayas captado la atención de ese hombre que te gusta con tu imagen femenina, será tu inteligencia y tu sentido del humor lo que terminará cautivándolo. ¡Haz la prueba!

Mantén la compostura

Si hay algo horrible de verdad para los hombres, es ver a una mujer desesperada. Así que primero recapacita sobre lo que te gusta de ese hombre y por qué, y luego actúa con normalidad. Sobre todo mantén la tranquilidad y no des la impresión de ir a la desesperada.

En su justa medida

He hablado antes de la importancia de la imagen que proyectamos y, una vez más, esto tiene relación con la forma en que se capta la atención de los hombres. No te muestres disponible cada vez que él mueva un dedo. No estés siempre pendiente de él (no eres su madre). Piensa que lo que se obtiene con facilidad se valora mucho menos. Además, él podría agobiarse. No se trata de pasar olímpicamente de él o de hacerte la estrecha, sino de hacerte valer y mostrarle que contigo aún le queda mucho por descubrir.

Puntos claves

Además del físico, del que ya hemos hablado en la primera *love note*, los puntos claves para captar la atención de un hombre son, en este orden: físico, tono de voz, sonrisa, porte y estilo, comportamiento y, finalmente, elegancia.

Sedúcele

No hay nada más atractivo que una mujer que muestra confianza en sí misma. Esa es la clave. Si además aprendes a utilizar el lenguaje corporal con pequeños gestos seductores y coquetos como juguetear con el cabello, lanzar miradas cautivadoras y tímidas o provocar suaves roces accidentales, serás una mujer provocativa sin caer en la vulgaridad.

Errores habituales que impiden que se fijen en ti

La otra tarde estaba tomando café y en la mesa de al lado había un grupo de amigas y amigos que conversaban sobre el tema de las relaciones.

En un grupo donde la media de edad se situaba entre los treinta y pocos y los cuarenta y muchos y donde todos estaban, según pude oír, separados, divorciados o solteros, no es de extrañar que acabaran planteándose algunas preguntas típicas: ¿dónde están los hombres interesantes? (las mujeres). ¿Dónde están las mujeres que de verdad buscan algo serio? (los hombres). La cuestión es que comenzaron a hablar sobre lo que cada uno buscaba y quería, y todos fueron contando sus aventuras y desventuras en este tema, hasta que una de las mujeres dijo: «Lo que ocurre es que tenemos mala suerte en el amor».

Llegados a este punto, no pude aguantar más. Me volví hacia ellos y les dije que no había podido evitar oír la conversación y que si me dejaban darles mi opinión como experta en el tema —al tiempo que les dejaba mi tarjeta de *love coach*, ¡no fueran a creer que era una loca que se mete en conversaciones ajenas!—. La reacción fue inmediata y unánime: me dijeron que les interesaba mucho mi opinión al respecto y me ofrecieron una silla para unirme a la tertulia.

Les pedí que me dijeran por qué creían tener mala suerte en el amor. Unos me explicaron que porque siempre tropezaban con el mismo tipo de personas. Otros, que porque las mujeres buscan ciertos prototipos de hombre, a lo que alguna replicó que igual que ellos, que solo buscan mujeres altas, guapas, jóvenes, etc. Les dejé hablar porque me interesaba escuchar todos los puntos de vista y las diferentes quejas. Al cabo de un rato, una de las mujeres, Mari Mar, dijo: «Tal vez, aparte de todo eso, el problema también está en nosotros». Cuando le pregunté por qué tenía esa impresión, respondió: «Porque se nos nota demasiado cuando salimos que vamos en plan de caza y captura, y metemos la pata muchas veces». «¡Correcto! —respondí—, os explico lo que ocurre. Como ha dicho Mari Mar, cuando salís (y esto vale para ambos sexos) vais con expectativas de encontrar, y eso os hace ser poco selectivos y parecer un pelín desesperados. Es decir, que soléis darle cancha al primero que se os pone a tiro. Y le dedicáis atención a alguien que tal vez no os interesa mucho, pensando que más vale pájaro en mano que ciento volando. Y nada más lejos, porque lo que hacéis es dejar de prestar atención al resto de las personas durante la noche. Y, lógicamente, si te haces invisible a otros ojos... No sé si me entendéis», pregunté.

Todos asintieron con la cabeza, mientras uno de los hombres comentaba una anécdota en relación a lo que acababa de explicarles. Proseguí hablando con el grupo y me centré en explicarles que, a lo que les había dicho anteriormente, había que añadir la infinidad de ocasiones en que enviamos señales equivocadas ¡sin darnos cuenta de que nos estamos autosaboteando!

«Por ejemplo —les dije—, ¿cuántas veces os ha pasado que, estando en algún sitio, habéis visto a alguien que os gusta y habéis hecho todo lo contrario de lo que deberíais hacer para que se fijara en vosotros? Como retirar la mirada cuando os mira, dar la espalda, no sonreír... Os ha pasado, ¿verdad?» La respuesta fue un sí unánime. «Pues imaginaos por un momento que, en alguna de esas ocasiones, esa persona que os gustó también se hubiera fijado en vosotros. Pero, claro, leyó vuestras señales e interpretó que no estabais interesados. Y ahí os quedáis, perdiendo oportunidades.

»Otras veces —continué—, ocurre que creemos que si nos hacemos los interesantes tendremos más éxito, y entramos en los locales donde solemos ir a tomar algo y conocer gente con un gesto de altivez que, lejos de hacernos interesantes, aleja de nosotros a posibles personas interesadas, porque damos la impresión de ser serios o antipáticos. ¡Es un error fatal! Cuando salís a conocer gente, debéis ser más vosotros mismos que nunca.»

Después de aquello, me disculpé y les dejé seguir con su tertulia. No sin antes recordarles que en el amor no existe la buena o la mala suerte. Existen las circunstancias que nosotros mismos creamos.

Voy a resumir los consejos que di a ese grupo de amigos para que tú también tomes buena nota:

Los tres errores que debes evitar a toda costa cuando sales a ligar

- Mostrar desesperación
- Enviar señales erróneas
- Pasarte de interesante

Para que lo veas más claro, voy a mostrarte un par de historias reales extraídas de mis sesiones como *love coach.* ¿Te identificas con alguna de ellas?

María, 43 años

Eran las 12:20 de la noche y, otro sábado más, allí estaba. En la misma discoteca de siempre, con las amigas de siempre, con la misma ropa de siempre, tomando la misma copa de siempre y escuchando la misma música de siempre. Me pregunto por qué a mis 41 años tengo una vida social tan aburrida, por no decir tediosa. Pero reconozco que me da más miedo quedarme sola en casa que aburrirme con mis amigas. Y se me hace un mundo pensar en conocer a gente nueva. En parte sé que es porque no sabría qué decirles a mis amigas. Nos conocemos desde el colegio y me siento culpable cuando pienso en dejarlas para salir con otras personas. En fin, que, en medio de ese barullo mental, allí estaba yo un sábado más con la espalda apoyada en la barra y haciéndome la interesante (aunque luego no me coma un colín) mientras me servían la copa y mis amigas y yo ojeábamos el ambiente y las caras nuevas (que, por cierto, cada vez veo más caras «repetidas» y ninguna que valga la pena). Pero aquella noche, de repente, vi a un chico que no estaba nada mal. Era alto, delgado y con un toque entre intelectual y sofisticado que le daba un puntito atractivo. Pensé: «Vaya, bajo esas gafas de pasta quizá hay alguien interesante». Pillé mi copa y les dije a mis amigas que nos acercáramos a la zona donde estaba ese chico (al que mis amigas y yo bautizamos como míster X) en compañía de otros tres más normalitos. Yo me puse a bailar y a hacer chorraditas delante de él con la esperanza de que se fijara en mí, pero resultó que el chico maravilloso había quedado en ese local con otra chica supermaravillosa y mi ego acabó como mi pendiente, en el suelo (¡y eso que acababa de estrenar aquellos pendientes!).

Mis amigas y yo estábamos a punto de salir del local cuando llegaron dos hombres de unos cincuenta y tantos. Al entrar, uno de ellos le hizo un guiño a una de mis amigas y todas volvimos para dentro. Mi amiga dijo que solo un rato más, el suficiente para que a los pocos minutos aquellos hombres se acercaran a nosotras con un vaso en la mano y la intención de entablar conversación, algo a lo que mis amigas estaban muy dispuestas. Yo la verdad es que no tanto, pero, como voy con ellas, qué le vamos a hacer. La mano, dos besos y ellos ya se habían «integrado».

Al cabo de un rato nos fuimos los cinco de aquel local (mis dos amigas, los dos hombres y yo) a dar una vuelta y parar en un par de sitios más. Total, que a las tres de la mañana ya estaba lo suficientemente cansada como para irme a casa. Me despedí de ellos y de mis amigas antes de coger el coche. Mis amigas me dijeron que habían intercambiado los teléfonos para volver a quedar con ellos. Y va y una de ellas me suelta: «Mujer, más vale alguien que te haga caso que deambular solas de pub en pub cada vez que salimos, ¿no?». Pues no. Yo no estoy de acuerdo con ella, aunque me da miedo pensar que tal vez tenga razón.

Carlos, 36 años

La verdad es que me considero un chico normal. Soy simpático, extravertido, pero hasta ahora no se puede decir que haya tenido suerte en el amor. Eso, o no he sabido buscar bien. Lo cierto es que, a medida que pasa el tiempo, veo cada vez más difícil conocer a una chica, iniciar una relación. Aunque me gustaría, no lo niego, cada vez lo veo más lejano.

Mi madre se pasa el día diciéndome: «Nene, a ver cuándo te echas novia, que tengo ganas de tener nietos. Mira a tus amigos: Paquito tiene ya dos niños y Pedro está esperando el primero. Y tú, ¿para cuándo?». Estoy de esa frase hasta la coronilla. Mi madre piensa que esto es como ir al súper y decir: «Póngame una novia lista para formar familia». ¡Qué más quisiera yo!

Esta mañana me he parado a analizar qué errores puedo estar cometiendo y he optado por repasar lo que hice ayer sábado. Y no veo nada que no haga cualquier otro chico de mi edad. Incluso intenté conocer a un par de chicas. Sin éxito, claro.

Me levanté sobre las 10:30, desayuné, fui a por el pan y el periódico, y luego me propuse bajar un rato a la playa, porque hacía un día de sol maravilloso y a principios de junio aún puedes ir sin que esté abarrotada. Agarré la toalla, me puse el bañador y bajé. Llegué y me puse en el chiringuito para poder mirar la playa y localizar a alguna chica sola. Vi a una tomando el sol y me puse a su lado con la toalla a leer el periódico. La chica se levantó y se fue a nadar. Después de un buen rato, cuando regresó, pensé que sería una buena excusa para hablar con ella preguntarle qué tal estaba el agua. Lo cierto es que funcionó, porque me dijo que estaba algo fría, pero limpia. Como me percaté de que no era española, por el acento, le pregunté de dónde era. Ella me contestó que francesa y yo le expliqué que era profesor y que si quería le daba clases gratis. Y, de repente, me dijo que hacía mucho calor y que se marchaba. Yo, claro, ya no me atreví a pedirle el teléfono.

Después me levanté y me fui a dar una vuelta y a tomar el sol andando. Al poco rato vi a otra chica que también estaba sola y me dije: «Voy a probar». Utilicé la misma táctica: coloqué la toalla a su lado (más o menos) y me puse a leer el periódico un ratito. Cuando ella se volvió para coger la botella de agua que tenía dentro del capazo, aproveché para comentar el calor que hacía, a lo que ella me respondió que mucho. Yo continué la conversación y le comenté que hacía muy bien en hidratarse porque cuando sudamos perdemos muchas sales minerales y, si no bebemos, podemos deshidratarnos. También le aconsejé que, además de agua, estaría bien que trajera una pieza de fruta. Yo creo que la chica se mostraba receptiva, porque me escuchaba, por eso no comprendí que, cuando la invité a comer (eran ya casi las dos) y luego a dar un paseo por el castillo, se levantara de pronto diciendo que tenía novio y que estaba a punto de llegar, que, por favor, me marchara. Pero ¿qué había dicho? No entiendo a las mujeres.

Volví a casa y mi madre ya tenía la comida puesta (que si la chica me llega a decir que sí, ahí se queda). Comí, dormí un poco la siesta y, sobre las ocho, quedé con otro amigo *single* como yo para ir a ver una peli y luego a picar algo. Él coincide conmigo en que las mujeres no saben lo que quieren y por eso nos cuesta tanto encontrar pareja.

Por la noche, entramos en una discoteca a tomar una copa y bailar un rato, nos fuimos a la barra a pedir un ron con limón y nos dirigimos a la zona de pista a ver qué había por allí. Me di cuenta de que una chica que estaba en un lateral bailando me había mirado, así que me acerqué a ella con mi amigo y pensé: «Voy a ver si ligo». Fui bailando hasta donde estaba ella y me decidí a comentarle que bailaba muy bien y que si le gusta bailar yo le podía enseñar. Me hizo un gesto de negación con el dedo y se marchó a sentarse con otras amigas. Luego vi a otra que también bailaba sola y me acerqué bailando, y esta vez utilicé la excusa de la ropa para entablar conversación. Le dije: «Hola, ¿sabes que vas muy bien conjuntada?». Me miró y ni me respondió. Dio media vuelta y se marchó con otra amiga. Pero antes le dijo algo al oído a la amiga, porque las dos me miraron... Lo dicho: no hay quien las entienda.

Si has leído estas dos historias (que te aseguro que son reales), tal vez hayas detectado qué fallos cometió cada uno de los protagonistas. Voy a dejarte un momento para que los anotes y luego te explico cuáles han sido y te propongo algunas *love notes* al respecto, ¿vale?

Errores de María

....

....

....

....

....

....

....

....

....

....

....

....

Errores de Carlos

....
....
....
....
....
....
....
....
....
....
....
....

Ahora me toca a mí. Voy a contarte qué hicieron mal María y Carlos. ¿Recuerdas los tres errores que había que evitar a toda costa? Los hemos dicho antes: parecer desesperado, enviar señales equivocadas y pasarte de interesante.

Pues bien, en el caso de María nos encontramos con una mujer que actúa a la desesperada. Aunque es joven, solo tiene 41 años, por la manera en que se comporta parecería que tiene muchos más. Sus amigas opinan que ya está todo el pescado vendido y que lo mejor es conformarse con lo que hay. Aunque María no está de acuerdo con eso, no se atreve a salir de su zona de confort y prefiere lamentarse a pasar a la acción. Resumiendo: María transmite una imagen de resignación y parece desesperada o, peor aún, sin ganas de tomar la iniciativa.

LOVE NOTE

Para María: ¡Cuidado con parecer desesperada!

A María se le abren dos frentes distintos: uno, acabar con el sentimiento de culpa que le provoca el pensar en salir con otras amigas. Tener distintos grupos para salir por ahí no significa traicionar a las amigas de toda la vida. Las amigas de María tienen que entender que, aunque hay personas que se sienten bien y seguras saliendo siempre por los mismos sitios, hay otras que prefieren variar, y que eso está bien. María debería poder salir de vez en cuando con otras personas sin sentirse mal por ello.

El segundo frente de María es dejar de actuar a la desesperada, con la única intención de conocer a alguien, a quien sea, en plan «caza». Eso es un gran error porque las personas solemos percibir esas cosas. Piénsalo. ¿Cuántas veces has visto a un hombre con la copa en la mano, mirando a todas partes y entrando a todas las que se le ponían por delante? Seguro que al ver a un hombre hacer eso piensas: «Menudo buitre». O a la típica mujer que va sola o con amigas de punta a punta de la discoteca haciéndose notar e intentando ligar con todos. Seguro que al verla piensas: «Vaya pájara». Y en realidad ambos podrían ser bellísimas personas, pero es la imagen que transmiten.

Por eso María debería salir solo por el placer de pasarlo bien con sus amigas. A bailar, si se tercia, y a disfrutar de la noche. Debería vestirse para salir. ¡Nada de ponerse la misma ropa de siempre! La clave está en ser atractiva, sin ser provocativa. En comportarse de manera natural, entrar a los locales con una sonrisa (no riendo a carcajadas ni en plan escandaloso), dirigirse a la barra o a la mesa, pedir la copa y mirar discretamente el entorno sin hacer barridos de sala (que se nota) y menos aún desde la barra. Bailar si le apetece, pero sin fijar la vista en nadie concreto a menos que alguien le guste. En ese caso, la mejor manera de hacer que se fijen en ella es asegurarse de que él la ha visto mirarlo y luego seguir con sus amigas de forma natural, volver a asegurarse de que él la ve mirarlo e intentar bailar sola. Seguro que al cabo de poco ese chico estará bailando con ella.

Hablemos ahora de Carlos. Carlos ha cometido varios errores imperdonables. Vayamos por partes.

Carlos se define a sí mismo como un chico simpático y extravertido que no entiende por qué le cuesta tanto ligar, y lo atribuye a que las mujeres no saben lo que quieren. Sin embargo, no es consciente de que el mensaje que transmite es justo el contrario del que pretende.

Comenta que cuando baja a la playa, aparte de la toalla, se lleva el periódico como excusa, hasta aquí bien. Pero luego añade que, cuando llega, se va al chiringuito a observar, y que, cuando encuentra una chica sola, allí que se lanza con su toalla a sentarse a su lado. En primer lugar, si hay mucha gente en la playa, no es raro que un chico se ponga a tu lado con la toalla, porque hay que aprovechar los huecos entre sombrilla y sombrilla, pero cuando hay poca gente (como era el caso) se nota a la legua la intención. Además, con la primera chica, no se dio cuenta de que su ofrecimiento de darle clases gratis no provocó en ella la sensación de que iba en serio, sino que era un «rarito» que quería ligar, en el mejor de los casos. Por eso optó por levantarse e irse. En la segunda ocasión, Carlos lo hizo aún peor, primero da una charla a la chica sobre la hidratación y sus efectos (que no es la mejor manera de ligar), y, aunque su intención de invitarla a comer era de lo mas cortés, al igual que el posterior paseo por el castillo, no se paró a pensar que, si un desconocido te aborda en la playa y te dice que te invita a comer y al castillo, te va a parecer todo muy raro.

Por la noche, en la discoteca, las cosas no mejoran para Carlos. La única forma que se le ocurre para ligar es acercarse bailando a una chica y decirle: «Vas muy bien conjuntada». («¿Bien conjuntada? Pero quién eres, ¿mi abuela?», debió de pensar la chica.) En el segundo caso, se acerca también bailando y le dice que baila muy bien y que si quiere le puede enseñar. (Pero, vamos a ver, si le dices a alguien que baila bien, ¿qué le quieres enseñar?) Lógicamente, después de tantos errores, allí se quedó Carlos solo con su amigo, pensando que las mujeres no saben lo que quieren.

Para Carlos: Cuidado con enviar señales equivocadas y pasarte de interesante

Carlos ha cometido dos graves errores: enviar señales equivocadas y pasarse de interesante.

Con la primera chica, Carlos tendría que haber pedido permiso antes de sentarse. Después debería haberse presentado y, finalmente, intentar volver en su favor el hecho de que hubiera poca gente en la playa (para evitar dar la imagen de «rarito»). Después de pedir permiso, la conversación debería haber ido más o menos así: «Gracias, me llamo Carlos», a lo que ella hubiera respondido con su nombre. «Espero no haberte molestado al sentarme aquí; ¿sabes?, la playa me gusta muchísimo, pero no me gusta verla con tan poca gente. Además, a veces, cuando está así, te levantas para bañarte vuelves y adiós bolsa, o gafas, o móvil, ¡que ya me ha pasado!» La chica seguramente habría respondido a la charla y, cuando Carlos se hubiera percatado de que era extranjera, en vez de decirle que le podía dar clases gratis, debería haberle preguntado cosas sobre su país o haberle pedido consejo sobre qué visitar, porque «casualmente tenía pensado ir allí de vacaciones». Con esto se podía haber generado una conversación espontánea, que tal vez se habría prolongado por la tarde.

Con la segunda chica, Carlos no tendría que haberle dado esa charla sobre la hidratación y sus efectos. Simplemente con haber dicho: «Ves, yo tengo que coger esa costumbre de traerme una botella de agua. Siempre lo pienso cuando ya estoy aquí», tal vez la chica le hubiera ofrecido de su agua. En cualquier caso, habría generado una conversación, que habría despejado los interrogantes sobre si tenía novio, qué hacía por la tarde, etc., antes que invitarla directamente a comer. ¡Y mucho menos a pasear por el castillo! Si la chica hubiera aceptado la invitación, lo suyo habría sido dar una vuelta o tomar un café en otro lugar. ¡No irse al castillo!

Y por último, con las chicas de la discoteca, Carlos debería aprender cuanto antes recursos de seducción que no sean «Conjuntas muy bien la ropa» o «Bailas muy bien, si quieres te doy clases».

Lenguaje corporal para seducir

Es una verdad indiscutible: los cuerpos no mienten. Pueden mentir las palabras, pero los gestos no, es más, nos delatan si intentamos ocultar algo. Cada vez son más las personas que aprenden a usar, leer y utilizar el lenguaje corporal para saber si alguien se siente atraído por ellos o para ser ellos quienes seduzcan a la persona que les interesa.

Mientras con las palabras transmitimos ideas, nuestro lenguaje corporal expresa sensaciones. Muy a menudo, en mi experiencia como *love coach*, constato que una de las cosas que más le preocupa a la gente al empezar a tratar el tema del lenguaje corporal es aprender a «detectar mentiras», cuando, en realidad, lo más importante es aprender a influir y a agradar al sexo opuesto.

Dado que el tema del lenguaje corporal es muy amplio, en este método nos vamos a centrar exclusivamente en el que más nos interesa: el lenguaje corporal de la seducción. Aprenderemos a atraer a la persona que nos gusta e incluso a interpretar lo que puede estar pensando a través de sus gestos, algo muy útil cuando en una primera cita.

Como antes, primero veremos determinadas pautas comunes en ambos sexos y luego pasaré a detallar más concretamente el lenguaje corporal para hombres y para mujeres cuando se trata de encontrar pareja.

Convertirte en un gran seductor o una gran seductora es más sencillo de lo que crees, porque el poder seductor de las personas no está en su atractivo, sino en la seguridad en sí mismos. ¿Por qué? Porque una persona seductora es aquella capaz de tomar la iniciativa, de comenzar una conversación, de hablar e improvisar.

Para empezar, te voy a enseñar los cinco puntos básicos que debes saber interpretar para averiguar si le gustas o no a alguien.

¿Le gusto o no le gusto?: cinco detalles que delatan

Pupilas

¿Te has preguntado alguna vez por qué los restaurantes románticos suelen tener una luz tenue? La respuesta tiene mucho que ver con el juego de la seducción, ya que nuestras pupilas tienden a aumentar de tamaño cuando nos sentimos atraídos por alguien y también cuando hay poca luz en el entorno.

Si estás con alguien en un entorno con luz normal (si no, no vale) y ese alguien tiene las pupilas dilatadas, es una clara señal de que se siente atraído por ti.

Triángulo de seducción

Como ya hemos comentado, el triángulo invertido que conforman los ojos y la boca se conoce como el triángulo de seducción. Si quien te habla está mirándote a esa zona, no lo dudes: está interesado en ti. Pero también puedes provocar su interés haciéndolo tú. La próxima vez que tengas delante a alguien que te guste y estéis hablando, empieza a mirar sus ojos, primero uno y después el otro, pasando por su boca. Hazlo de forma que no sea demasiado evidente, que parezca natural, pero sin saltarte ninguno de los tres pasos. Al cabo de un rato la otra persona comenzará a hacer lo mismo y lograrás captar su máxima atención.

Al hablar, intenta mantener un tono de voz natural, suave y fluido, no lo fuerces. No hables demasiado rápido, pero tampoco demasiado lento y, sobre todo, sé tú mismo, jamás cometas el error de intentar imitar a otra persona.

Pies y piernas

Está demostrado que cuando le gustamos a alguien y estamos sentados junto a esa persona, sus piernas o pies apuntarán inconscientemente hacia nosotros. Así que ya sabes, fíjate en sus pies, que esos no engañan.

Rubor

¿Te han dicho alguna vez que te has puesto rojo? Esa es, tal vez, la señal inconsciente más habitual de todas las que indican que alguien nos gusta. Hay estudios que demuestran que es una forma ancestral de atraer al sexo opuesto y que de ahí proviene la costumbre de las mujeres de usar colorete en los pómulos.

Sudor en las manos

Cuando estamos frente a alguien que nos interesa mucho o que nos gusta, nuestro pulso se acelera y eso se traduce en un aumento de la sudoración de las manos. Si quieres averiguar si le gustas a alguien, intenta tocar la palma de su mano; si está húmeda, es una señal de que la persona tiene el ritmo cardiaco y el pulso acelerado.

La práctica hace al maestro

Te presento ocho sencillos ejercicios para practicar y mejorar tu lenguaje no verbal:

Preséntate sin dejar de mirar a los ojos a la otra persona
Cada vez que te presentes a alguien, mantén el contacto visual al decir tu nombre. Si bajas la mirada, denotarás poca confianza y seguridad.

Recuerda el nombre de la otra persona

Hace años que me dieron este consejo, lo apliqué en mi vida personal y pasé de ser una persona insegura y tímida a alguien que les decía a los demás sin palabras: «Eres importante para mí y por eso sé tu nombre».

Iguala tu tono de voz con el de la otra persona

¿Qué pasa cuando aprendes a alinear tu tono de voz con el de la otra persona?: que generas una verdadera empatía emocional. El cómo es a veces más importante que el qué.

Camina mirando frente a ti

Cuando andas con la cabeza gacha, toda tu postura pierde seguridad. Si mantienes la vista al frente, asumes una postura de seguridad y la transmites. Además, procura caminar despacio, ya que así proyectas control de la situación.

No ocultes las manos al hablar

Quien no muestra las manos transmite falta de honestidad, que tiene algo que ocultar. Cuando hables con tu cita, ten las manos visibles. No las metas en los bolsillos, ni las coloques sobre tus piernas. Es mejor tenerlas relajadas sobre la mesa, si estas sentado, o dejarlas caer libremente a los lados, si estás de pie.

Jamás te cruces de brazos

Nunca te cruces de brazos frente a alguien que te está contando o explicando algo. Cruzarse de brazos impide la comunicación. Estás diciendo sin palabras: «No me interesa lo que escucho».

Controla tus pies

En lenguaje corporal se habla mucho de la parte superior del cuerpo (gestos de la cara, brazos, manos, torso), pero se descuida el lenguaje corporal de los pies, y eso es un grave error. Cuando estamos nerviosos, es muy común empezar a mover el pie. Seguro que te ha pasado. Estás en una cafetería, tienes ganas de irte y empiezas a mover el pie, ¿verdad? Pues, si estás en una cita y ves que la otra persona empieza a mover un pie, ya sabes que lo que pasa es que está nerviosa por algo.

Presta atención al espacio personal

Seguro que alguna vez te has sentido incómodo porque alguien se acercaba demasiado al hablar contigo. Y lo contrario, te has sentido inseguro porque otra persona te hablaba desde muy lejos. La distancia apropiada a la hora de interactuar es la de un brazo extendido: ni demasiado íntima, ni demasiado amplia. Si invades el espacio personal de alguien, resultas molesto, pero, si te quedas muy lejos, mostrarás timidez e inseguridad.

¿Cómo saber si le gusto?: comunicación no verbal femenina

Son bastantes los hombres que solicitan mi ayuda como *love coach* para averiguar si existe una fórmula que les permita saber si gustan a la mujer que a ellos les gusta.

Cuando les pregunto: «Por qué quieres saberlo?», la mayoría de ellos me responde: «Porque, si supiera que le gusto, iría con más seguridad a la cita».

Lo cierto es que no existe una fórmula ni una poción mágica que nos permita leer la mente de la persona que nos gusta, pero sí podemos aprender a leer su lenguaje corporal, lo que nos proporcionará una información valiosísima sobre cómo se siente esa persona respecto a nosotros. Esa información está compuesta de indicadores.

A continuación te voy a dar unos indicadores básicos que te servirán para saber si esa chica que te gusta siente interés por ti.

Ojos

Lo primero que hacen las mujeres cuando les interesa un hombre es actuar con la mirada: lanzan miradas discretas y tímidas. Observa la duración de las mismas; si son repetitivas y frecuentes, ¡enhorabuena!, es una buena señal.

A continuación, intenta que vuestras miradas se crucen; si baja los ojos antes de retirar la mirada, es una señal de que te encuentra interesante. Intenta que vuestras miradas se crucen algunas veces más y, en una de ellas, sonríele. Es una forma de decirle que a ti también te interesa.

Una vez que os hayáis presentado o entablado conversación, presta atención a cómo te mira: si fija la vista en tus ojos mientras hablas, sin distraer su atención hacia los lados, es un claro indicativo de que le interesas. Sin embargo, si no baja la mirada, pero desvía la vista de forma horizontal sin moverse, posiblemente no tenga el más mínimo interés en ti.

Gestos

Las mujeres tienen algunos gestos inconscientes que las delatan cuando están frente a alguien de su interés. Por ejemplo, supongamos que estás en un bar tomando algo, ya sea con tu cita o solo, pero después de haber establecido contacto visual con alguien, y ella tiene un vaso o copa delante. Si mientras habla contigo o te mira, ella acaricia el vaso entre sus dedos, puede ser una forma inconsciente de manifestar el deseo de acariciar y ser acariciada.

Además, si percibes que ella juega con su zapato, calzándoselo y descalzándoselo inconscientemente, es una clara señal de que le gusta tu compañía.

Jugar con el pelo

Una mujer que se coloca el pelo tras las orejas, coge un mechón entre los dedos o sacude la cabeza mientras habla con un hombre está lanzando señales inconscientes de que ese hombre le atrae.

Exponer las muñecas

Si una mujer que está contigo deja sus muñecas expuestas, está llamando tu atención de manera inconsciente. Cuanta más muñeca muestre más interesada estará.

Postura

Cuando una mujer se siente atraía por un hombre cambia su postura corporal. Echa hacia atrás los hombros para darle importancia al pecho y hacerlo destacar, e inclina todo el cuerpo hacia adelante cuando este le habla.

Si la chica con la que estás hablando tiene la espalda recta y los brazos cruzados, no te hagas demasiadas ilusiones; si, en cambio, se inclina hacia adelante con el pretexto de oírte mejor, no lo dudes, está interesada en ti.

Contacto físico

Si en el transcurso de la conversación ella te toca el brazo o la mano de forma «distraída», no creas que ha sido accidental. Cuando alguien nos gusta tenemos el deseo inconsciente de establecer contacto físico, aunque sea leve.

Recuerda: sabrás que una mujer se interesa por ti porque...

- … se inclina hacia adelante.
- … acaricia objetos a su alcance (vaso, copa, anillo, bolígrafo, etc.).
- … se sube ligeramente el jersey o los puños de la blusa para mostrar las muñecas.
- … cruza (o descruza) las piernas y el pie normalmente apunta hacia ti
- … se toca o juega con su cabello.

- … se muerde el labio o lo humedece.
- … te mira a los ojos sin distraerse.

Sin embargo, sabrás que una mujer no está demasiado interesada si…

- … tiene una postura cerrada (brazos cruzados y espalda recta pegada al respaldo de la silla).
- … está en tensión (mira el reloj, hace el gesto de sacudir migas de la mesa, etc.).
- … se toca la cara con frecuencia.
- … evita el contacto visual o este es escaso.
- … tamborilea con el tacón en el suelo.
- … mira hacia los lados.

¿Cómo saber si le gusto?: comunicación no verbal masculina

La mayoría de los hombres actúa de forma similar cuando se sienten atraídos por una mujer. Vamos a hablar de los indicadores masculinos, pero ten en cuenta que, para poder estar segura de que interesas a un hombre, debes detectar más de uno de ellos.

Actitud

Cuando a un hombre le gusta una mujer, tiende a mostrar una actitud más caballerosa de lo habitual. Por ejemplo, cogerte del brazo o del codo al cruzar la calle o apartarte un mechón de cabello de la cara son muestras de atención y protección que indican, sin duda, interés.

Mirada

Cuando a un hombre le gusta una mujer, la mira a los ojos sin dejar que nada lo distraiga (en eso no hay diferencias de sexo). Es muy posible que te observe también de pies a cabeza o que se fije en tu ropa o accesorios.

Gestos

Cuando a un hombre le gusta una mujer, lo normal es que se ponga algo nervioso, aunque sea de manera inconsciente. Gestos como tocarse la barbilla, las orejas, juguetear con los botones de la camisa o aflojarse la corbata delatan ese nerviosismo. Si, además, cuando está contigo notas que se quita la chaqueta o que se arremanga, no lo dudes, le gustas.

Voz

Cuando a un hombre le gusta una mujer, hace pequeños cambios sutiles en su tono de voz para parecer más atractivo. Una voz grave y masculina tiene un enorme poder de atracción (piensa en los locutores de radio, por ejemplo). ¿A qué mujer no le eriza la piel una voz grave susurrándole al oído? Si durante la cita él te habla con un tono de voz grave y sutil, casi susurrando, ten por seguro que le gustas.

En cualquier caso recuerda que, seas hombre o mujer, seguro que tienes una cualidad única que te hace totalmente irresistible. Puede ser la risa, la voz, la mirada, la inteligencia, el estilo o incluso ¡el despiste! No olvides jamás que lo realmente importante en el juego de la seducción es conocer tus puntos fuertes y aprender a usarlos. ¡Éxito asegurado!

Y, para que puedas entender mejor toda la información que te acabo de dar, te voy a contar una historia real con final feliz.

Loli es una mujer de 43 años y aspecto discreto. Es elegante, alta y delgada, con el cabello largo y castaño cortado a capas y perfectamente peinado.

Cada día le suena el despertador a las siete de la mañana. Trabaja en una escuela infantil de la que es copropietaria y directora. No le cuesta madrugar y es una mujer metódica y ordenada. Siempre se deja la ropa preparada la noche anterior en el cambiador que tiene a los pies de la cama. Su casa siempre está recogida e incluso, a veces, se deja preparada la comida de mediodía.

En cuanto suena el despertador, se levanta, se ducha, se hidrata la piel, se maquilla, se viste y, una vez lista, se va a la cocina a tomar un apresurado café solo, sin azúcar. Coge las llaves del coche y se marcha a trabajar. Cualquiera que viera a Loli pensaría que tiene una vida cómoda e incluso envidiable. Y podría ser cierto de no ser porque toda la seguridad de la que hace gala Loli en su vida profesional y personal desaparece por completo cuando hablamos de su vida sentimental.

Se casó a los 25 años y hace tres que se separó después de que su marido le confesara que había otra persona en su vida y que lo sentía pero quería comenzar una nueva vida junto a ella. Ni que decir tiene que, para Loli, aquel anuncio fue un jarro de agua fría que la desestabilizó durante un tiempo y que la obligó a buscar ayuda para superarlo. Pero han pasado ya tres años y, con un hijo de 16 que ya empieza a ser independiente, Loli tiene más tiempo para ella misma y siente la necesidad de rehacer su vida, de conocer a gente nueva y de volver a enamorarse. Y ahí es cuando surge el problema.

Loli no es una mujer a la que la noche le atraiga demasiado, sale porque hay que salir, no porque sea lo que más le apetece. Si a esto añadimos que le incomoda la idea de conocer a un hombre que no le guste, porque no sabe cómo decir «No me gustas» sin ofenderlo, pero que, cuando ve o le presentan a alguien que sí le gusta, no sabe cómo actuar, Loli reconoce que se siente algo patosa en cuanto a lo de ligar. A veces piensa que han cambiado las reglas del juego desde que ella empezó a salir antes de conocer al que fue su marido, que ahora las cosas son distintas. Antes, si mirabas a un hombre un par de veces, él ya sabía que le interesabas y venía directamente a presentarse; ahora, si miras un par de veces a un hombre, este se hace el loco y al final tienes que enviarle más señales para que se dé por aludido. ¡Eso si no te toca a ti dar el primer paso! ¡Y eso sin mencionar a aquellos que no son nada sutiles y que por el hecho de mirarlos un par de veces ya están convencidos de que quieres sexo!

Loli tiene dos amigas, Clara y Marta, con las que sale habitualmente, sobre todo los sábados. La semana pasada, Marta, que además de amiga es su socia en la empresa, le dijo que se había enterado por otra amiga de que había una escuela de cocina en la ciudad que los sábados organizaba talleres para *singles*. El plan consistía en cocinar durante la tarde el menú propuesto por el chef y degustarlo por la noche en el comedor de la escuela, que es, a su vez, restaurante. Marta le dijo que había que apuntarse porque eran grupos reducidos (mínimo diez y máximo veinte personas, siempre pares y con el mismo número de hombres que de mujeres) y de edades similares.

A Loli le atrajo más esa idea que la de salir a cenar las tres solas y luego irse de copas, así que le dijo a Marta que, por ella, sí. Clara también se apuntó y a Marta le faltó tiempo para coger el teléfono y reservar para las tres. Le contestó un chico muy amable que le explicó que debían pasar por las instalaciones para formalizar la inscripción, abonar los 33 euros del taller y recibir toda la información. Marta preguntó hasta qué hora podían pasar por la tarde y el chico le respondió que cualquier día de cuatro a diez de la noche.

Como era martes, y Clara los martes tarde tiene clase de yoga, decidieron ir Loli y Marta a pagar y hacer la inscripción de las tres. Quedaron a las siete y fueron en el coche de Loli. La escuela de cocina se hallaba en la zona del campo de golf de la ciudad. Al llegar, vieron que la escuela estaba, efectivamente, anexa a un restaurante muy bonito, con las paredes de pizarra negra.

Al entrar, vieron una pequeña recepción, parecida a la de un hotel y, al momento, apareció un hombre de unos cuarenta y pico años, alto, moreno con alguna cana y unas gafas metálicas azul cobalto que le daban un aspecto entre interesante e intelectual.

—Buenas tardes, he llamado esta mañana para pedir información sobre los talleres de cocina para *singles* de los sábados y no sé si he hablado contigo o con otra persona, pero me habéis dicho que teníamos que pasar por aquí a inscribirnos —dijo Marta.

—Efectivamente, aquí es. Si habéis llamado esta mañana seguro que habéis hablado con Pedro, mi compañero. Yo soy Juan, encantado —se presentó mientras les tendía la mano para saludarlas, algo que Marta aprovechó para plantarle dos besos. Loli fue más comedida y solo saludó con el apretón de manos—. Os explico cómo funcionan las noches de cocina para *singles*. En primer lugar, el requisito principal es estar sin pareja. —Marta miró de reojo a Loli, mientras comentaba: «Nada, nada, por ese lado no hay problema, ninguna de las tres tenemos pareja»—. En segundo lugar, hay que apuntarse ahora y dejar pagado el menú, para reservar la plaza. Lo que pasa es que, como formamos grupos de entre diez y veinte personas pares, de edades más o menos similares, no os puedo decir si tendréis hueco este sábado, el siguiente o el otro. Así garantizamos que habrá el mismo número de hombres que de mujeres y que las edades no serán dispares.

—¿Y cómo funciona? —preguntó Loli.

—Pues muy sencillo, veréis: comenzamos a las 18:30 y haremos dos grupos pares de hombres y mujeres. Un grupo se encargará de cocinar dos platos y el segundo grupo dos postres, todo coordinado por nuestro maestro chef. Tendréis tres horas para cocinar y sobre las 21:30, ya con los delantales quitados, pasaremos al reservado del restaurante para cenar lo cocinado. Todo se pondrá repartido en platos en el centro y todos degustarán lo cocinado entre todos. Durante el tiempo del taller de cocina, podréis degustar distintas variedades de vino y otros productos en una serie de minicatas a ciegas dirigidas por nuestra relaciones públicas. Todo está enfocado a crear un ambiente relajado y divertido —explicó con detalle Juan.

—¡Qué bien suena! —exclamó Marta.

—Es cierto —respondió Loli—. ¡Ya tengo ganas! Ahora solo queda que nos llamen...

—¿Cuántas sois? —preguntó Juan.

—Tres —dijo Loli.

—Muy bien, pues os voy a hacer la ficha y os daré el tique de pago —comentó Juan.

Cuando Juan se fue a buscar las fichas de inscripción, Marta y Loli comentaron que no estaba nada mal el tal Juan y, entre risas, bromearon sobre que era una lástima que él no participara.

Juan regresó con las fichas y dos bolígrafos para rellenarlas y las acompañó a una pequeña mesa con dos butacas que estaba junto a la recepción, para que Marta y Loli se sentaran a escribir. Ambas lo hicieron. Tras rellenar las fichas y pagar los menús, quedaron a la espera de que las llamaran en el primer hueco disponible en el que encajaran. Eso sí, Marta le dijo a Juan que no les importaría tener que esperar algo más, pero que querían ir las tres juntas.

Al salir de la escuela, camino del coche, Marta le comentó a Loli que el tal Juan no le había quitado los ojos de encima mientras estaban rellenando la ficha, a lo que Loli contestó con tono irónico: «Tú siempre dices lo mismo, que todos nos miran, pero luego nos volvemos casa igual, ¡sin comernos una rosca!». Sin embargo, Marta se apresuró a matizar: «Ya, pero esta vez he dicho que no te quitaba la vista de encima a ti, cariño, a ti... A mí, por desgracia, ni me ha mirado». Y siguieron bromeando.

Pasaron tres sábados sin recibir ninguna llamada. Loli continuó con su rutina habitual y ya casi había olvidado el taller cuando, un miércoles por la tarde, le sonó el móvil.

—¿Sí?, ¿dígame?

—Hola, pregunto por Loli Martínez.

—Sí, soy yo. ¿Quién es? —respondió ella.

—Soy Pedro, de la escuela de cocina, y tengo aquí delante su ficha y la de dos amigas más para participar en el taller de cocina más cena para *singles*. Quería decirles que el próximo sábado tenemos tres huecos disponibles en los que encajan usted y sus dos amigas. ¿Quiere que se lo bloquee?

—Sí, sí —respondió Loli después de pensarlo unos segundos—. ¿A qué hora hay que estar? ¿Hay que llevar algo?

—Deben estar a las 18:00 horas en la escuela, porque el taller comienza a las 18:30 y el chef tiene que darles unas indicaciones previas. Y no, no tienen que traer nada más, solo ganas de pasarlo bien y algo de hambre —respondió él.

Nada más colgar, Loli llamó a sus amigas para anunciarles que ya tenían plan para el sábado.

Llegó el sábado y las tres amigas quedaron en ir en un solo coche, el de Clara, que recogería a Loli y Marta sobre las 17:30 aproximadamente. Loli comió pronto porque quería ducharse y arreglarse el pelo, aunque aún no sabía qué ropa se iba a poner. Tras sacar todos los vestidos del armario y probarse varios conjuntos, optó por un vestido negro sin mangas, ajustado y por encima de la rodilla, buscó un collar discreto de piedras ámbar y unos zapatos de medio tacón por si tenían que estar de pie mucho rato, y porque pensó que no era la ocasión, aunque al vestido le pegaban más los tacones de aguja. Alisó su melena a capas con la plancha y se decantó por un ligero maquillaje de ojos, colorete y *gloss* rojo en los labios.

Clara pasó a las 17:30 en punto a por Loli y desde allí se fueron a recoger a Marta, que, como siempre, tardó en bajar. La cuestión es que eran ya las 18:15 y aún estaban de camino. Al llegar a la escuela eran ya más de las 18:30. Entraron en recepción y allí estaba esperando Juan, el hombre atractivo que las había atendido el día que habían ido a inscribirse. Al verlas entrar les dijo:

—¡Pensaba que os habíais echado atrás y que se quedarían tres chicos sin pareja! ¿Recordáis que el taller es por números pares? Mismo número de hombres que de mujeres...

—Mil disculpas —respondió Marta—. Ha sido un fallo mío, que se me ha echado el tiempo encima y, sin darme cuenta, ya las tenía a ellas llamándome al timbre. ¡Mil disculpas! Entonces, ¿podemos entrar ya?

—Por supuesto que podéis entrar, ya os contará el compañero de cocina que os toque lo que el chef ha explicado antes de empezar. Venid conmigo, que os acompañaré dentro y os presentaré a vuestros compañeros.

Y, a continuación, se dirigieron los cuatro a la zona de cocina, donde se impartía el taller.

Al entrar, vieron una gran cocina cuadrada con dos grandes islas centrales en las que había tres parejas y dos hombres solos. Estaban cortando verduras, y Juan acompañó a Marta junto a uno de ellos y le dijo: «Luis, por fin han llegado las que faltaban; te presento a Marta, tu compañera de cocina esta noche». Tras los saludos iniciales, Marta se puso a cortar verduras con Luis, mientras este le explicaba el menú que tendrían que hacer. A continuación, Juan se dirigió hacia el otro hombre solo, que se llamaba Óscar, y le presentó a Clara con las mismas palabras que había empleado con Marta. A todo esto, Loli estaba algo confundida, porque en la sala no veía a nadie más y se suponía que tenían que ir por parejas. En ese momento, Juan se llevó a Loli al extremo de la isla y le dijo mientras le tendía la mano: «Hola, me llamo Juan y soy tu pareja de cocina esta noche». Ante la cara de asombro de Loli y la mirada pícara de Marta, Juan añadió: «Llevo un año trabajando aquí y hasta ahora nunca se me había ocurrido participar en estos talleres. Hasta que te vi. Y aquí estoy, dispuesto a que nuestro menú sea el mejor de la noche». Loli notó que se ruborizaba y, entre risas, respondió: «Pues vamos a ello, ¿no? ¿Qué tengo que hacer?».

Había dos grupos, uno en cada isla. Uno debía preparar unos solomillos con verduras pochadas y reducción al Pedro Ximénez y el otro debía hacer el postre, que era un milhojas de láminas de chocolate, hojaldre y crema de naranja.

Loli y Juan estaban en la isla de los postres. Durante las dos horas y media de taller, Loli y Juan hablaron sobre sus vidas. Ella le dio algunos detalles de su situación (pero no demasiado, porque sabía que en una primera cita nunca hay que hablar más de la cuenta) y Juan le contó que había tenido pareja durante seis años, aunque nunca habían llegado a casarse, y que hacía poco más de dos años que esta se había roto por desgaste. Reconoció que no había sabido cuidar la relación y que era algo que nunca más le volvería a pasar.

A Loli, las dos horas y media del taller se le pasaron volando. Juan resultó ser un hombre divertido, atento y con la cabeza muy bien amueblada. Entre cacerolas, harina y alguna que otra mancha de chocolate, se sinceraron y entre ambos se estableció una conexión que iba más allá de la mera participación en el taller. Miradas, leves roces, manos que se juntan, mechón de pelo que le cae a Loli hacia la cara y que Juan aparta sutilmente colocándoselo tras la oreja, todo un abanico de señales con un claro mensaje: «Me gustas».

Por fin terminaron el postre y Loli comentó: «No es por decirlo, pero creo que nuestro milhojas es el más apetecible». «Será porque hemos puesto mucho amor al hacerlo, ¿no crees?», respondió Juan, y Loli volvió a notar cómo le subía el calor por el cuerpo hacia la cara.

Eran ya las 21:30 y todos los participantes habían pasado al salón donde iban a cenar. Era un restaurante amplio pero con pocas mesas y todas redondas. Había tres mesas ocupadas, dos de ellas por parejas y la tercera por un grupo de cinco personas. Frente a los ventanales que daban a la zona de terrazas, estaba situada la mesa para las diez personas del taller, que era redonda y con la base central giratoria, para que todos pudieran probar los platos que colocarían en el centro.

Al llegar, algunos se sentaron al lado de la pareja que habían tenido en el taller, como fue el caso de Clara, y otros prefirieron sentarse junto a otros participantes, como fue el caso de Marta.

Juan y Loli se sentaron juntos. A medida que avanzaba la noche, a Loli le parecía que no hubiera nadie más que ellos dos en aquella mesa. Sus cuerpos estaban inclinados el uno hacia el otro, tanto que sus pies se rozaban y, en algún momento, también sus rodillas. Mientras degustaban lo que horas antes se había cocinado entre los fogones de la escuela, Juan no hacía más que mirar a Loli; no importaba lo que ocurriera alrededor, puesto que toda su atención estaba puesta en ella y la de ella en él, algo que no pasó invertido para el resto de los comensales, que optaron por no interrumpir las conversaciones de la pareja. El restaurante disponía en la planta baja de una zona de copas donde poder tomar algo o bailar tranquilamente y, tras la cena, todo el grupo bajó a tomar algo.

En aquel momento, Marta y Clara aprovecharon para llevarse a Loli al baño con la excusa de retocarse y con la intención de obtener información.

—¡Ya te vale! —exclamó Marta—. ¡Cuéntanos! ¿De qué habéis estado hablando toda la noche? ¡Está claro que a este le gustas!

—Pues hemos hablado de cosas normales: de él, de mí. La verdad es que me hace sentir muy bien. Es divertido, atento, simpático, ¡y es un verdadero despiste! Me ha cogido dos veces la servilleta, se ha confundido de cubiertos y le ha quitado el tenedor a la persona que tenía al lado. ¡Casi me parto de la risa! No sé qué más deciros. Me gusta mucho, la verdad.

—Pero está soltero o... —preguntó Clara.

—No. Está separado desde hace 6 años. Sin hijos —respondió Loli.

—Pues qué suerte, porque el compañero que me ha tocado a mí para cocinar es un poco plomo. Separado también, pero con tres hijos —apostilló Marta, que también le comentó a Loli que ya se imaginaba que habían conectado porque durante la noche la había visto en varias ocasiones juguetear con la copa y reírse mientras se tocaba el pelo. (Algo impensable en Loli, que odia tocarse el pelo mientras está comiendo o tomando algo.)

Con una sonrisa pícara pintada en la cara, las tres amigas regresaron al salón para bajar a la zona de copas. Allí, Loli y Juan continuaron hablando, riendo y bailando lo suficientemente juntos para que se mezclaran los perfumes de ambos. Concluida la noche, cerca ya de las tres de la madrugada, llegó el momento de las despedidas. Excepto Juan y Loli, que quedaron para tomar un café al día siguiente.

Juan acompañó a Loli, Clara y Marta al coche, se despidió con dos besos de las amigas de Loli y, cuando le fue a dar los dos besos de despedida a Loli, la cogió de la mano y le susurró al oído: «Te vuelvo a ver en unas horas y estoy deseando que el reloj acelere». Loli lo miró a los ojos y sonrió.

Paso 8

Cómo encontrar a tu *perfect match* en Internet

¿Por qué tanta gente recurre a Internet para encontrar pareja? Muy sencillo. La red permite comunicarse de un modo completamente diferente: inmediato, cercano y cómodo. De hecho, Internet es el gran aliado actual de Cupido, pero, como ya hemos dicho en otras ocasiones, es importante tener un plan y conocer el medio para obtener los mejores resultados. Si aprendes a usar correctamente Internet, encontrar en él a la persona idónea dejará de ser una cuestión de suerte.

En lo relativo al amor, Internet ha cambiado las reglas del juego. Si quieres encontrar pareja por este medio, debes dominar algunos aspectos antes de lanzarte a la red. Relacionarse a través de ella puede parecer la cosa más sencilla del mundo, pero la realidad indica que no es así. Debes tomártelo en serio y conocerlo a fondo si quieres tener éxito.

Mucha gente me suele decir que no necesita ningún tipo de ayuda a la hora de relacionarse a través de Internet. Puede que tengan razón…, pero ¿acaso está de más conocer algunos secretos del proceso cuando se trata de algo tan importante como conseguir la pareja ideal?

Aprender a navegar por Internet

Internet es un gran contenedor donde cabe todo. Aunque a algunos les pueda parecer que es lo mismo una red social que una web de citas, lo cierto es que estamos ante cuestiones diferentes con distintas finalidades. Voy a explicarte brevemente qué es cada cual, para que no naufragues en el océano de Internet.

Webs de citas

Las páginas web de citas son empresas, negocios que pueden pertenecer a grandes grupos o pequeños empresarios. Su finalidad es poner en contacto a personas que buscan pareja y, para ello, proporcionan una plataforma que permite mostrarse e interactuar. Al registrarse, estas páginas solicitan al usuario que complete cuestionarios con información específica, además de colgar fotos y redactar textos de presentación. En caso de que el usuario esté interesado en conocer a alguien, la plataforma también suele ofrecer servicios de mensajería interna y chat. Aunque la mayoría de webs de citas tienen una versión gratuita, para acceder a los servicios más interesantes (por ejemplo: ver las fotos de los perfiles o ponerse en contacto con alguien) suele ser necesario tener lo que se llama una cuenta «premium» o similar, esto es, de pago. No todas las webs de citas son iguales y, por supuesto, las hay mejores y peores. Lo que debes tener en cuenta es que el hecho de pagar, por sí solo, no garantiza nada.

Redes sociales

Las redes sociales también son empresas, pero su uso es siempre gratuito. Facebook sería el ejemplo más conocido de red social pero, por supuesto, no es la única. Las redes sociales no están orientadas específicamente a la búsqueda de pareja, pero eso no quiere decir que no puedas usarlas para eso.

A continuación vamos a centrarnos en cómo moverse en las páginas web de citas, cómo rellenar los cuestionarios, elegir las fotografías o redactar un buen texto de presentación y, más adelante, nos centraremos en Facebook como lugar de búsqueda de pareja.

Las flechas *on line* de Cupido

Internet y las páginas web de citas cuentan con la maravillosa cualidad de ser accesibles a todos y cada uno de nosotros. Esa es un arma de doble filo, claro, porque nunca sabes lo que te puedes encontrar.

Hay muchísima gente maravillosa que utiliza Internet para conocer gente, y encontrarlos solo depende de dónde te muevas y de la forma en que lo hagas. La regla de oro es: «No hagas a los demás lo que no quieras que te hagan a ti». La forma en que te comportes condicionará las respuestas que recibas.

Es muy habitual ver a gente que se registra en páginas de citas *on line* dando a entender: «¡Estoy libre! ¿Alguien quiere hablar conmigo en privado?». No creo que esta sea, para nada, la mejor manera de encontrar el tipo de persona que estamos buscando. Evita este comportamiento a toda costa.

Lo primero que debes comprender de los portales de citas *on line* es que allí todo el mundo es igual y parte de la misma posición. No caigas en el error de pensar que registrarse y abrir perfil en uno de ellos es como ir a una discoteca donde todos se vuelven a mirarte cuando entras. Al contrario, como todos los perfiles son «iguales», lo primero que debes conseguir es que el tuyo destaque entre todos los demás y que, por supuesto, atraiga a las personas adecuadas.

La importancia de un buen perfil

Muchas personas no le dan importancia a rellenar todas las casillas o preguntas que las webs de citas solicitan para completar un alta nueva. Sé perfectamente que es una lata responder a una interminable lista de preguntas, pero no pierdas de vista que estás «buscando» y al mismo tiempo también quieres que te «encuentren», por lo que es imprescindible no solo completar este paso, sino hacerlo de manera que haga «brillar» tu perfil. No olvides que, al fin y al cabo, te estás «vendiendo» y que cuanto más honestas y veraces sean tus respuestas, cuanto más expliques, mejor lo estarás haciendo.

Tu finalidad al completar un perfil en una web de citas es no pasar desapercibido. Recuerda que pretendes captar la atención de tu posible pareja entre cientos o incluso miles de perfiles similares. ¿Cómo destacar entre ese mar de gente?

En primer lugar, intenta transmitir alegría y simpatía. Habla en presente, no cuentes la historia de tu vida, explica lo que gusta ahora, comenta tus sueños y ambiciones de futuro… ¿Tienes una anécdota simpática? Cuéntala. No te cortes. Hacer reír es importante. Si provocas una sonrisa en la persona que está leyendo tu perfil, ya habrás destacado. Recuerda que el sentido del humor es algo muy buscado tanto por hombres como por mujeres.

Al hablar de tus sueños y ambiciones, lo que haces es exponerte. Es decir, si en tu perfil hablas de lo que te gustaría tener en el futuro, de cómo te ves de aquí a unos años o, incluso, de adónde te gustaría viajar, no solo estás hablando de ti, sino que estás dando la oportunidad a los demás de compartir contigo sus experiencias y su filosofía de vida. Y, ¿quién sabe?, a lo mejor encuentras un compañero de viaje.

Menos es más

Recuerda que no estás escribiendo una novela. Debes dar la suficiente información para captar la atención de tu lector, pero no tanta como para llegar a aburrir. Recuerda que la idea es que se quede con ganas de conocerte más.

Cuidado con lo que compartes

Ten cuidado con la información que compartes en tu perfil. No proporciones tu teléfono personal ni el de tu domicilio (puedes tener un teléfono móvil especial para esto), tampoco tu dirección ni datos de tu lugar de trabajo (nombre de la empresa, sección, etc.).

Tómate un momento

Cuando tengas el perfil terminado, mi consejo es que no te lances a publicarlo de inmediato. Déjalo reposar y vuelve a leerlo al cabo de uno o dos días. Te sorprenderá la cantidad de cambios que vas a hacer (matices, expresiones) y seguramente añadirás algo que se quedó en el tintero.

Para que comprendas mejor la importancia de elaborar un buen perfil, déjame que te cuente la historia de una chica a quien ayudé como *love coach.*

Eva tenía 32 años cuando la conocí. Fue una mañana del mes de abril, lo recuerdo porque llovía a mares el día en que concertamos cita en mi despacho. Ella me había explicado por teléfono que acudir a un *love coach* era algo que jamás se le hubiera ocurrido, pero que había algo que necesitaba averiguar. Cuando abrí la puerta me encontré con una chica joven, de pelo corto con mechas cobrizas y unos ojos marrones inmensos. Después de dejar el paraguas en el baño y secarse un poco, pasamos a mi despacho, donde, tras servirle un café, empezó a contarme los motivos que la habían traído hasta mí.

Me contó que había tenido ya tres relaciones truncadas y que aún no sabía por qué todas terminaban mal y casi de la misma manera. Todas habían empezado igual: por Internet en diferentes webs de contactos, ya que disponía de poco tiempo para relacionarse y, además, reconocía que le era más fácil y cómodo hacerlo de ese modo. Era enfermera y, entre sus guardias y las que cambiaba para hacer favores a sus amigas (todas sus compañeras estaban casadas y con hijos y, cuando tenían algún niño enfermo o festivales de colegio, le pedían cambiar el turno amparándose en que como era soltera ¡no tenía obligaciones!), la única manera que tenía de conocer gente era aquella.

Me contó que el primer chico con el que había salido le había durado dos meses, que el segundo había llegado a los cinco, pero que el último ni siquiera un mes. «¿Qué ocurre? —me preguntó—, ¿por qué me dejan siempre? Soy simpática, tengo trabajo, creo que no soy fea, ¡pero no tengo suerte en el amor! ¿Por qué? ¿Qué hago mal?»

Cuando le pedí que me enseñara su perfil *on line* para repasarlo, empecé a detectar algo que podía ser importante para averiguar qué ocurría con Eva.

Eva era una chica reservada y algo tímida, incapaz de decir no y siempre dispuesta a ayudar. Cuando me puse a leer su perfil, que ella misma había escrito, la Eva que vi reflejada tenía poco o nada que ver con la chica que tenía delante de mí. No físicamente (aunque también hubo que corregir ese punto), sino en cuanto a carácter. Lo cierto es que Eva no había falseado ningún dato en lo referente a su estado civil, edad o situación, pero sí daba la imagen de ser una persona muy abierta y extravertida porque en su perfil decía que le gustaba mucho charlar, conversar, divertirse, salir con amigos, etc. Además, añadía que le gustaba bailar (cuando en realidad solo le gustaba un tipo de baile latino) o que se consideraba una mujer libre e independiente (cuando en realidad era muy dependiente, ya que en muchas circunstancias era incapaz de tomar decisiones por sí misma y de ahí que fuera incapaz de decir «no»). A esto había que añadir que la foto de perfil que había puesto estaba demasiado retocada y que tenía unas tres o cuatro imágenes más tomadas siempre a la entrada, salida o dentro de una discoteca. En un ambiente de ocio, de fiesta.

¿Qué ocurría? Pues que ella en realidad no era así, pero pensaba que de esta forma daba la imagen de ser una chica más chic, moderna y divertida. Eva intentaba mostrarse como creía que gustaría a los chicos y, así, las relaciones que había iniciado a través de aquellas páginas tenían un perfil común: eran chicos a quienes les gustaba la noche, la fiesta, la diversión; que buscaban conocer chicas divertidas, simpáticas, con quien pasarlo bien. Como Eva en realidad no era así, aunque al principio hacía un esfuerzo por mostrarse acorde con la descripción que había dado, con el tiempo la realidad ganaba la partida. Aquello acababa con la relación, porque sus parejas tenían la sensación de que Eva ya no era la misma que al principio.

Así que rehicimos su perfil y lo adaptamos a la Eva real, detallando todas y cada una de sus facetas (personal, familiar, humana, gustos, aficiones, etc.). También redactamos un texto de presentación y definimos una foto nueva, con luz, ambiente diurno y con una amplia sonrisa. Así, comenzaron a contactar con ella otro tipo de chicos diferentes a los que había conocido hasta la fecha.

Hace unas semanas me llamó para decirme que estaba saliendo con un chico muy distinto a los anteriores y que, aunque aún era muy pronto, algo le decía que esta vez sería diferente.

El caso de Eva nos muestra por qué es tan importante revisar muy bien la imagen que proyectamos en Internet, porque el efecto espejo (del que hemos hablado en capítulos anteriores) también se aplica cuando hablamos de conocer a gente por Internet.

Pautas de etiqueta

Internet y, por supuesto, las páginas de citas, tiene sus propias pautas de educación y etiqueta, que debes conocer si quieres evitar dar pasos en falso. Toma nota.

Las armas de seducción en Internet son muy distintas. Si bien en persona lo importante son las miradas, la sonrisa o la comunicación no verbal, en Internet lo más importante es lo que escribes. **Debes tener mucho cuidado al escribir para evitar ser malinterpretado.** Mi consejo es evitar mostrarse demasiado expresivo y no intentar ser alguien que no eres.

Cuando chatees, **no hables demasiado** o, por lo menos, no más que la persona a quien intentas atraer. Un exceso de información puede abrumar, cansar o hacer que el interlocutor pierda interés. A no ser que estés contando algo especial y que notes que a la otra persona le interesa, por lo general, no se recomienda escribir más de cuatro o cinco líneas seguidas.

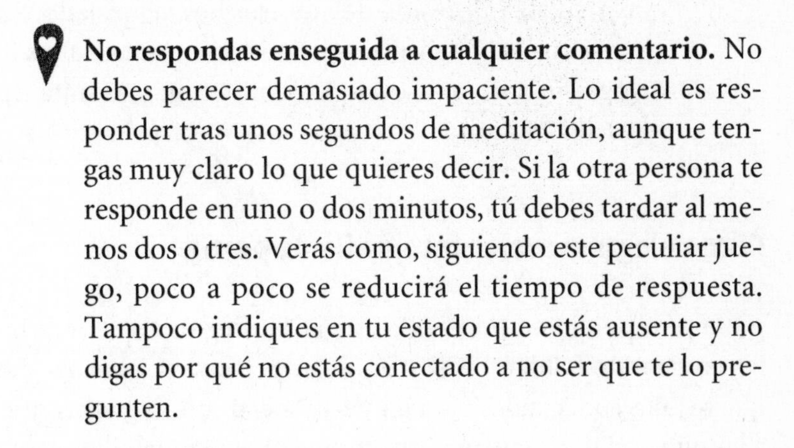

No respondas enseguida a cualquier comentario. No debes parecer demasiado impaciente. Lo ideal es responder tras unos segundos de meditación, aunque tengas muy claro lo que quieres decir. Si la otra persona te responde en uno o dos minutos, tú debes tardar al menos dos o tres. Verás como, siguiendo este peculiar juego, poco a poco se reducirá el tiempo de respuesta. Tampoco indiques en tu estado que estás ausente y no digas por qué no estás conectado a no ser que te lo pregunten.

No pierdas de vista tu objetivo, sea cual sea. Si deseas conseguir una cita con alguien que te gusta, evita conversaciones de tipo sexual. Si esa persona te atrae y deseas quedar en persona, tómatelo con calma. El secreto es ser natural. Si te muestras como una persona educada, agradable y entretenida, el tema de quedar surgirá solo.

A la hora de **saludar** a alguien que has visto y te interesa, hay dos formas de proceder: uno, no saludar primero y esperar a que sea la otra persona quien lo haga; o dos, saludar tú primero, pero solo una vez. Si tras tu saludo no hay respuesta, olvídalo y a otra cosa. No debes caer en la tentación de volver a repetir el saludo, porque corres el riesgo de parecer un pesado de esos que no saben cómo quitarse de encima.

Debes ser especial. Tu forma de ser y tu estilo deben denotar que no eres una persona del montón. Un buen consejo es usar un tipo y color de letra diferente al que se usa generalmente, para que no te confunda con los demás. La letra no debe ser demasiado grande ni tener más espacio del normal entre caracteres, para que no dé la impresión de que escribes demasiado. Así crearás un halo de misterio. Cuidado con las faltas de ortografía y no abuses de los emoticonos, resulta demasiado infantil.

Cómo elegir la mejor fotografía de perfil

¿Qué foto pongo en mi perfil? Esta es la pregunta que más me hacen cuando hablamos de completar perfiles en Internet. Las que resultan adecuadas para un perfil social son muy diferentes a las que podamos tener en un álbum convencional. Piensa que la foto de tu perfil es la que marcará la primera impresión de tu posible pareja.

Para elegir la imagen de perfil perfecta, toma nota de estos trucos:

Escoge una foto donde te veas con atractivo, pero sin excesos. Una foto en la que estés bien y natural. Y con natural me refiero a que elijas una foto que refleje tu estilo personal. Por ejemplo, si eres una persona a quien le encanta ir en vaqueros y camiseta, no pongas una foto que te hiciste en una boda, en Nochevieja o en un evento, porque lo que ocurrirá es que, el día de la primera cita, tu imagen o estilo no se corresponderá con el de la foto de perfil.

El tamaño de la foto también es importante, ya que muchos sitios no permiten las que exceden determinado tamaño. Lo mejor es que elijas una fotografía y después la guardes en una carpeta en distintos tamaños para no tener que andar haciéndolo cuando rellenes el perfil.

- Tú eres el centro de atención. En una foto de perfil se te tiene que ver a ti. En multitud de ocasiones me encuentro con personas que ponen unas fotos de perfil preciosas para quien quiera ver paisajes, porque utilizan fotografías tomadas mientras esquiaban o hacían rafting. Recuerda que en una foto de perfil el protagonista debes ser tú y solo tú. Deja los paisajes para otro momento.

- Lo repetiré por si no ha quedado claro: tú eres el centro de atención, así que en la fotografía debes aparecer solo tú. Nada de amigos o familia. Eres tú quien está buscando pareja. Si pones una foto de grupo, corres el riesgo de que la persona que esté viendo tu perfil dude de quién eres realmente. Eso sin mencionar que nunca deberías colgar en Internet fotografías de otras personas sin su consentimiento.

- Cuidado con los gestos. Hay personas que creen que es buena idea hacerse el gracioso, que así van a tener más visitas, y cuelgan fotos de perfil haciendo gestos en broma, como sacar la lengua, un corte de mangas o una peineta. Tú tienes claro que es una broma, pero no sabes si quien está viendo tu perfil pensará lo mismo. Quizá considere que es una grosería y pasará de seguir leyendo el resto del perfil.

- ¡Sonríe, por favor! Está demostrado que la sonrisa es contagiosa y, además, genera confianza y positividad. Recuerda que poner una buena foto de perfil aumenta hasta un 90 por ciento las visitas que vas a recibir. Hay personas que ponen algunas que parecen tomadas a la salida del médico y, claro, no tienen visitas. ¿Quién va a querer conocer a alguien que derrocha tristeza por los cuatro costados? Nos atraen las personas felices y positivas. Abrir un perfil social y no poner una foto de perfil correcta es una gran pérdida de tiempo.

- Que se vea bien el rostro. No debes elegir una foto de perfil en la que aparezcan plantas, libros o cualquier otro objeto que te tape la cara. Tampoco una en la que estés en penumbra o detrás de un árbol o algo similar, ya que estarás lanzando el mensaje de «No quiero que me veas como soy» y eso puede ahuyentar de tu perfil a tu posible pareja.

- Siempre vestido. Tener un cuerpo 10 es algo estupendo y que seguro que te hace sentir orgulloso, pero, si buscas pareja por Internet, debes tener cuidado con esto (a no ser que desees algo ocasional), ya que poner una foto de perfil con poca ropa (bikini, bóxer, lencería, etc.) es como decir que eres una persona superficial o egocéntrica. Mejor deja esas fotos para enviarlas en privado, ¿vale?

- Evita las gafas de sol, las pamelas y las gorras. En ocasiones, nos ponemos algo que pensamos que nos va a ayudar y el efecto es justo el contrario. Puede ser que nos veamos atractivos con ellas, pero no olvidemos que nos roban expresividad del rostro y no nos muestran tal cual somos. Hay gente que huye directamente de estos perfiles.

- Cuidado con la actitud. Hay algunas personas que se hacen fotos tumbados en la cama o el sofá. Esta postura, aparte de que según desde donde está tomada nos puede poner una papada que no tenemos, da una imagen poco adecuada. Si queremos dar una buena impresión y que la foto sea nuestra carta de presentación, esta deberá ser más «activa».

- Nada de morritos. Atención, ni se te ocurra poner fotos donde estés haciéndole morritos a la cámara. Esta es una actitud que puede alejar de tu perfil a aquellos candidatos que buscan una relación seria y puede atraer justo lo que no quieres, es decir, personas que solo buscan un rollo o aventura.

- No tires de archivo. Recuerda que estás buscando pareja ahora, no hace 10 años. La fotografía que pongas tiene que ser actual y reflejar quién eres en estos momentos, cómo eres en todos los aspectos. No hay mejor ocasión que el aquí y ahora, así que ¡enseña tu mejor yo!

Voy a contarte un caso real para que entiendas la importancia de elegir bien la foto de perfil.

Paula es una funcionaria de 54 años, separada desde hace quince. No tuvo hijos y desde su separación solo ha tenido otra relación, justo un año después de la ruptura, con un compañero de trabajo. Aunque fue solo una aventura, porque él no quería nada estable. A partir de ese momento, se refugió en el trabajo y en las pocas amigas solteras o separadas que tenía, con las que en ocasiones iba al cine o a tomar un café. Así que Paula encontró en Internet una ventana al mundo que le permitía conocer gente de manera virtual. Charlar, ojear, buscar... El problema para Paula era que no lograba entender por qué, si ella decía en su perfil que buscaba una relación seria y estable, nada de rollos, y que solo quería conocer gente sana, divertida, culta y con las ideas claras, todos los hombres que contactaban con ella eran unos salidos que le proponían las cosas más inverosímiles. Cansada de estas experiencias desafortunadas, pero confiando en que tenía que haber gente como ella Internet, decidió acudir a un profesional, a un *love coach*.

Cuando el *love coach* comenzó a revisar sus perfiles de Internet, descubrió que en ellos no había ni una sola foto donde realmente se la viera.

Todas las que tenía estaban modificadas al estilo pop art o difuminadas. Y, cuando no estaban retocadas, ella estaba de espaldas o de frente, pero solo se le veía el nacimiento del pecho bajo un escote. Por no hablar de la foto de perfil principal, la más importante, la primera que se ve, que era un primer plano de su boca, estilo morritos.

Ni una sola foto donde se viera su rostro. Era un perfil con información personal, pero anónimo para quien lo visitaba. ¿Qué ocurría entonces? Pues que, lógicamente, la imagen que transmitía a través de su perfil era la de una mujer que pide guerra. De poco servía que pusiera que buscaba algo serio y estable cuando las imágenes decían algo diferente. Las personas que buscaban una posible pareja y veían aquella galería de fotos enmascaradas e impersonales pasaban de largo, mientras que quienes buscaban un simple ligue se sentían atraídos por aquel perfil tan sugerente.

De ahí que hasta la fecha solo los «salidos», como decía Paula, se habían puesto en contacto con ella. El problema era que Paula no quería mostrar su cara, por si alguien la reconocía, pero ese es un riesgo que hay que correr. Este juego tiene sus reglas, y una de ellas es la visibilidad. Por supuesto que tal vez haya alguien que te conoce, pero ocurre igual a la inversa. Además, no hay nada de malo en querer conocer gente y encontrar el amor, e inscribirse en páginas de Internet es una opción muy buena para ello. La única precaución es hacerlo solo en aquellas que sean de confianza.

Paula entendió que, si quería encontrar a su *perfect match* en el océano que es Internet, tendría que aprender a pescar y seleccionar, y que la caña era su perfil. Así que, tras realizar junto al *love coach* una serie de cambios, acudió a un estudio de fotografía para hacerse unas fotos de calidad, con gusto y estilo, para eliminar todas las anteriores. A partir de ese momento,

Paula comenzó a recibir mensajes de personas más afines y acordes con ella, e incluso pudo quedar en persona con un par de ellos. Actualmente, Paula tiene pareja estable. Y la encontró en Internet.

Esta historia ilustra exactamente la importancia del efecto espejo o, lo que es lo mismo, mostrar aquello que queremos atraer.

Cómo hacer que tu perfil destaque

Bien, ya has elegido la foto de perfil correcta, y ahora ¿qué? Pues ahora hay que rellenar la información del perfil.

El éxito de un perfil radica en hacerlo personal y llevarlo a nuestro terreno. Todas las páginas tienen cuestionarios con preguntas cerradas y otras donde se puede ampliar la información. Serán estas descripciones adicionales las que, en última instancia, determinarán si una persona que está viendo tu perfil contacta contigo o no. Si la información es escasa o muy genérica, no lograrás captar la atención. Recuerda que, en la medida de lo posible, debes evitar responder exclusivamente con monosílabos (sí, no), ya que esto no genera interés. Debes permitir que la persona que está leyendo tu perfil se sienta atraída por ti, por tu vida y costumbres, y que, incluso, pueda llegar a imaginarse a sí mismo formando parte de esa vida.

Nunca debes enumerar en la descripción las características negativas que no buscas. Debes evitar, por ejemplo, decir cosas como: «No quiero una persona machista», «No quiero una persona mentirosa», «No quiero personas complicadas», «No busco personas sin su economía resuelta», «No quiero que me engañen», etc. Estos perfiles, en vez de atraer, alejan a posibles candidatos, porque proyectan una imagen de persona resentida y negativa, y las personas nos sentimos atraídas por las cosas y personas positivas, nunca por las negativas. Así que es recomendable cambiar la formulación.

No digas...	Mejor di...
No quiero una persona machista.	Busco una persona que me respete y me ame.
No quiero una persona mentirosa.	Creo en la sinceridad y en las personas que la practican.
No quiero personas complicadas.	Me gustan las personas sencillas, como yo.
No busco personas sin su economía resuelta.	Busco una persona activa laboralmente.
No quiero que me engañen.	Busco la complicidad y sinceridad de una pareja.

La siguiente parte importante de un perfil es la relativa a las aficiones. A esta pregunta se puede responder de dos maneras:

Opción A: Me gusta leer, la naturaleza, el deporte y la cocina.

Opción B: Me considero una persona dinámica. Me encanta la naturaleza, sobre todo pasear por parajes donde fluya agua y se oigan los pájaros. Además, me gusta muchísimo leer, en especial novelas que me transporten a lugares lejanos: cerrar los ojos y poder oler el perfume de las especias, la hierba, el mar... Pocas cosas te permiten explorar otros países y culturas sin moverte de tu salón como una buena lectura. También soy una apasionada de la cocina, me relaja cocinar y, aunque soy muy buena con la cocina tradicional, me encanta dejar fluir mi creatividad y sorprender a mis invitados con platos muy míos. Como desde niña me ha gustado el deporte, siempre que puedo quedo con una amiga o con mi hermana para jugar un partido de pádel, o nos calzamos las zapatillas y, cronómetro en mano, echamos a andar.

Ahora yo te pregunto: ¿Cuál de estas dos respuestas crees que captará más la atención de un usuario que esté mirando nuestro tu perfil?

Te aseguro que **la respuesta A no logra captar la atención**. Tiene poca información y da la imagen de una persona seria y que mantiene las distancias. En cambio, **la respuesta B genera interés** y empuja a la posible pareja a querer contactar y preguntar algún consejo sobre cocina, o cuál es nuestra novela favorita, etc.

Por eso insisto en que, si quieres crear un perfil que llame la atención y destaque entre los demás perfiles, debes dedicarle tiempo a responder adecuadamente y personalizar las respuestas para alejarte de las demás.

Una vez tengas claro lo que quieres decir, otro punto que merece tu atención es la redacción. Es recomendable revisar lo que escribes, ya que un perfil con errores de ortografía y gramática puede llevar a una persona a pasar de seguir leyendo.

La creatividad también es muy importante a la hora de escribir. Como el objetivo es que nuestro perfil destaque entre los demás, tenemos que pensar en lo que la otra persona espera oír. Me explico: si el cuestionario pregunta qué esperas de una pareja, sería un grave error responder con frases comunes como: «Que sea responsable», «Que sea cariñoso», «Que sea divertido», etc. Estas frases son muy comunes y seguramente hay cientos de perfiles que tienen la misma respuesta. Para destacar, es necesario recurrir a la creatividad y escribir algo como: «Busco una persona con la que compartir un proyecto de vida en común, una persona que sea mi amigo, amante, compañero, alguien que convierta el camino en una aventura con cosas simples y cotidianas. Que convierta lo ordinario en extraordinario. Busco a alguien como tú».

En definitiva, un buen perfil es aquel que refleja fielmente quiénes somos y nos hace destacar sobre el resto de las personas.

Cómo clavar el texto de presentación

Una vez que completes el perfil, habrá llegado el momento de tomarte un tiempo para pensar en el texto de presentación, que sirve para afinar en unas pocas líneas lo que nos quede por decir. El principal problema de algunas personas es que empiezan contando algunas cosas de sí mismas y acaban escribiendo el primer capítulo de una novela. Y nada más lejos de la intención.

El texto de presentación es como el anzuelo de la caña, es decir, tiene que «pescar» a la gente. Despertar su curiosidad.

Voy a mostrarte un par de textos de ejemplo para que te sirvan de inspiración.

Ejemplo de texto de presentación para hombres

Hola a todos. Me han comentado que en este lugar puedo conocer gente estupenda y ¡aquí estoy! Dispuesto a presentarme.

Me considero alguien seguro de mí mismo, física y emocionalmente, con sentido del humor y altas dosis de honestidad. Soy de los que piensan que la vida es maravillosa por sí misma, pero si se vive en pareja ¡es mucho mejor!

Voy a contarte algo sobre mí, pero muy brevemente, ya tendremos tiempo de conocernos mejor. Me gusta nadar, ir al cine, comer pollo asado los domingos y caminar por la playa. Mi pareja ideal la imagino como una mujer con quien pueda acurrucarme en invierno, reír de mil cosas y cuidarnos mutuamente..., ¿serás tú? Pero, vayamos poco a poco, antes tendremos que conocernos, ¿no?

Los puntos fuertes de este texto son la brevedad y la concisión, en pocas líneas da información importante sobre quién es y lo que espera, está escrito en tono positivo y abre la puerta a establecer contacto en la última frase.

Ejemplo de texto de presentación para mujeres

Simpática, ¡sí! y también sincera, divertida, romántica, luchadora, emprendedora y cariñosa. ¡Esa soy yo!

Nunca me he presentado a mí misma, pero voy a intentarlo. Soy una mujer divertida y familiar. Me encanta pasar tiempo con mis sobrinos y pasear con mi perro. Soy una persona que inspira confianza, ¡será por eso por lo que me cuentan todo! La verdad es que sé escuchar y me gusta ver el lado positivo de las cosas. Mi pareja ideal sería un hombre a quien le encante reír, caminar de la mano, compartir un pijama y tomar palomitas frente al televisor. Un hombre que me haga un tazón de chocolate cuando llego a casa empapada por la lluvia o que sencillamente dibuje una sonrisa en mi cara al verle llegar. ¿Serás tú? ¿Nos conocemos y vemos qué pasa?

Este texto transmite la imagen de una mujer segura de sí misma y positiva, a la vez que deja claro que es una persona familiar y que disfruta del hogar. El hombre que al leerlo se identifique con su estilo de vida querrá conocerla de inmediato. El cierre es positivo e invita al contacto.

Voy a contarte el caso de una amiga mía que, hace poco, decidió cambiar su texto de presentación haciendo caso a mis consejos. Su nuevo texto dice: «Hola, he decidido escribirte porque veo que no me encuentras, aunque sé que me estás buscando. Y yo aquí esperando… Vivo en Alicante, llegué aquí con 15 años desde Madrid y, poco a poco me fui enamorando de esta ciudad. Ahora que acabo de cumplir 40 primaveras, aunque afortunadamente aparento unos cuantos menos, me encuentro serena y feliz y quiero compartir mi sonrisa contigo (que es muy bonita, por cierto, je, je). Tengo un gran sentido del humor, soy muy alegre, adoro los animales y, en particular, a mi precioso perrito Sammy. Me encanta bajar a la playa a nadar y a jugar con él.

»Voy al gimnasio porque me gusta mantenerme en forma y el ejercicio, con cierta medida, me hace sentir bien. Me encanta bailar más que ninguna otra cosa, aunque ahora lo tengo un poco abandonado. Estaría bien bailar juntos, ¿no crees? ¿Te apetecería?

»Soy muy alta, 1,80 m, tengo el pelo cobrizo y un tanto dorado por el sol, ojos verdes, dos (si no son dos, pasa de largo, que no soy yo), así podrás reconocerme cuando nos "encontremos". Yo sé que tú serás alto, atractivo..., je, je.

»¿Qué te parece? ¿Nos conocemos?»

Como ves este es también un claro ejemplo de texto de presentación que capta la atención y provoca que la persona que lo lee esboce una sonrisa. Da información, pero no lo cuenta todo, así que incita a querer saber más. De hecho mi amiga me contó más adelante que desde que puso este texto y modificó otros aspectos del perfil, como su foto e información, su buzón se llena de mensajes, respuestas, toques... ¡Está encantada! Y, por supuesto, ella no ha cambiado, solo ha mejorado su forma de transmitir la información. Así que toma nota y lánzate a redactar tu mejor presentación.

El complicado arte de chatear

Ahora que ya tenemos un perfil adecuado, que refleja aquello que andamos buscando, lo más normal es que empiecen a ponerse en contacto con nosotros personas afines, y llega el complicado momento de crear esa química virtual que pueda llevarnos un paso más allá. Y, sin duda, esa química siempre empieza después del primer «hola».

Ante un saludo hay muchas formas de responder y se pueden generar todo tipo de conversaciones. A continuación, voy a mostrarte unos ejemplos para que veas de lo que hablo:

Él: ¡Hola! ¿De qué parte de Madrid eres? Yo soy de las afueras (de Getafe) y del Real Madrid (¡no levantamos cabeza,

¿eh?!). Mi sobrino también es del Madrid y lo llamaron para hacerle una prueba. No veas, el pobre, qué nervios. Tiene 10 años y es un *crack* jugando. ¿Y a ti? ¿Te gusta el Madrid? ¿O no eres futbolera?

Ella: Pues no soy mucho de fútbol. Me aburre y no le pillo la gracia, soy más de cine y palomitas.

Él: Eso es porque no has ido nunca al campo, ¿a que no? Pues si quedamos te voy a llevar a un partido y ya verás…

Ella: Hombre, mucha ilusión no me hace, y sí que he ido al estadio, hace mucho tiempo, un par de veces al Santiago Bernabéu, y ya te digo que no me mata…

Sé breve y no te centres solo en ti

No te lances a hablar de cosas que ignoras si le interesan al otro o no. Si te dice que hay algo que no le apasiona mucho, y a ti sí, no insistas, ya que lo único que haces es dar a entender que se va aburrir a tu lado. No hay nada menos seductor que hablar a alguien de temas que no le interesan. Lo que tienes que hacer es diferenciarte de los demás y centrarte en hacer preguntas concretas y enfocadas a conocer lo que le interesa a la otra persona. Por ejemplo, ¿practicas o te gusta algún deporte? Y si te dice que sí, aprovecha para interesarte por ello y encontrar un punto en común. Y, así, con cualquier tema.

Él: Hola, Ana. ¿Qué tal? ¿Te pillo ocupada para hablar un rato?

Ella: ¡Hola! No, qué va, ahora tengo un ratito. ¿De dónde eres?

Él: Soy de Barcelona ¿y tú? ¿Vives por aquí?

Ella: Vivo en Sabadell, pero voy a trabajar todos los días a Barcelona, cojo el tren de cercanías, porque me sale más a cuenta que llevar el coche. Entre el tráfico y la gasolina, ¡se me va iba el sueldo!

Él: Cierto, tienes razón, a mí porque el trabajo me pilla a dos calles de mi casa, vivo en el centro, pero, si no, también lo tendría claro y cogería el bus o el metro. ¿Y tú a qué te dedicas? Yo trabajo en banca.

Ella: Pues yo estoy en unos grandes almacenes y trabajo una semana de mañana y otra de tarde, así que no me puedo quejar, dentro de lo que cabe. Pero tú estás mejor, que a las dos acabáis, ¿no?

Él: ¡Ja, ja, ja, ja! ¡Todo el mundo piensa igual! Pero esto no es poner en la puerta el cartel de cerrado a las dos y salir corriendo, ¡qué va! Créeme, salimos algo más tarde. Por cierto, he visto en tu perfil que estás separada, ¿hace mucho?

Ella: Pues hace ya tres años, pero eso es un capítulo ya cerrado. ¿Y tú? ¿Estás separado o soltero? Por cierto, no me has preguntado la edad, aunque supongo que ya la habrás visto en mi perfil. Tengo 39 años, ¿y tú? ¿Qué edad tienes?

Él: ¡Ja, ja, ja! Un caballero nunca pregunta la edad. Aunque tienes razón, ya sabía que tenías 39. Yo tengo 45 y estoy felizmente divorciado desde hace cuatro años y medio.

Ella: ¡Ja, ja, ja! Casi casi coincidimos en fechas de divorcio.

Él: ¡Cierto! ¡Ja, ja, ja!

Céntrate en lo sencillo

Esta conversación tiene un inicio acertado, ya que el chico ha tenido el tacto de preguntar si ella tenía tiempo para hablar. También ha tenido el gusto de no preguntar por la edad hasta que ella ha sacado el tema y ha mantenido un inicio de conversación basado en intereses comunes iniciales: de dónde eres, vives cerca, coincido contigo, etc. Además se ha reído a menudo, cosa que relaja y hace cómoda la conversación, lo que facilita el acercamiento.

¿Qué pasa con WhatsApp?

Hasta ahora nos hemos centrado en las webs de contactos y en sus chats, pero es cierto que el servicio de mensajería móvil WhatsApp también se usa muchísimo para hablar con personas que has conocido *on line* o en persona, y que te han dado su número de teléfono. Y, como todo lo demás, WhatsApp también tiene sus normas.

El primer paso es elegir una fotografía de perfil siguiendo los mismos consejos que ya hemos enumerado antes: una en la que salgas solo y se te vea bien la cara.

A continuación, debes tener claro por qué te interesa la persona con la que vas a hablar. Eso te ayudará a ser concreto. Es muy importante recordar conversaciones anteriores y no repetirte, ya que eso demuestra interés.

Ten en cuenta que WhatsApp permite la comunicación multimedia, cosa que, como usuario, te permite destacar. ¿Qué significa eso? Que en WhatsApp no solo las palabras son importantes, sino que también permite el uso de fotografías, emoticonos e incluso vídeos. Por ejemplo: si estás contándole a alguien lo bien que te ha salido una entrevista de trabajo, acompaña la noticia de una carita sonriente que refleje tu estado de ánimo. Eso sí, no abuses de este recurso, podrías dar una imagen demasiado infantil. Recuerda la máxima: lo poco gusta y lo mucho cansa.

Del mismo modo, si estás hablando sobre sentimientos o quieres mostrar tu lado más tierno, puedes adjuntar a la conversación un vídeo romántico (por ejemplo, una canción) que hayas buscado previamente en YouTube.

En WhatsApp es importante la brevedad. Me refiero a que no seas una de esas personas que escriben auténticos muros de texto. Son incómodos de leer y, además, pueden saturar. Cuando de lo que se trata es de interactuar y de que la otra parte tenga ganas de quedar, si escribes textos largos pueden temerse que en persona seas igual de pesado.

Y, sobre todo, si la otra persona te interesa de verdad, no olvides comenzar el día con un «buenos días» seguido de un emoticono sonriente. O una flor. O un beso. O algo similar, dependiendo del punto en el que os encontréis. Lo mismo por la noche. Un «buenas noches» hace milagros a la hora de generar un hábito. Si un día no lo haces, te echará de menos.

Cómo usar Facebook para encontrar pareja

Como hemos dicho al principio del capítulo, Facebook es una red social cuyo objetivo específico no es la búsqueda de pareja, sino la interactuación. Sin embargo, eso no quiere decir que no puedas encontrar pareja en Facebook, al contrario, esta red social puede ser una gran aliada si sabes cómo usarla.

Sigue las recomendaciones anteriores a la hora de elegir tu foto de perfil. Procura que se vea bien tu cara y luce tu mejor sonrisa.

Elige una fotografía de portada que vaya contigo. La de portada es la foto alargada que preside el perfil. Úsala para decir algo de ti. Puedes poner un paisaje que fotografiaste en tus últimas vacaciones, una foto de tu mascota o algo relacionado con tus aficiones o tu profesión.

Mantén tu cuenta activa. Procura compartir entradas y actualizaciones. Así es como llegarás a otros usuarios de Facebook (recuerda que hay distintas opciones para compartir el contenido con las personas que desees: todo el mundo, solo amigos, etc.). Puedes compartir tus gustos de música, películas, sitios web, lugares, marcas, etc. De esta manera, alguien puede descubrir tu perfil, comprobar que os gustan las mismas cosas y escribirte.

Las fotos son una de las herramientas más sencillas y eficaces con que cuentas para capturar la atención de otros usuarios. Crea un álbum de fotos en Facebook de tus viajes, actividades, deportes o cualquier otra afición que tengas y donde salgas bien. Elimina las muy personales o aquellas donde estén terceras personas a las que no hayas pedido permiso para publicarlas, y deja tan solo las que permiten conocer un poco más de ti.

Cuando te abras el perfil, muchos usuarios de Facebook solicitarán ser tus «amigos». Ten precaución: al aceptar «amigos» les estás dando acceso a información privada y personal. Para solucionar este problema, sencillamente debes activar el botón «Suscribirme en Facebook», con ello podrás aceptar nuevos contactos y, al mismo tiempo, proteger tu privacidad. Estas personas tendrán acceso a todas las cosas que compartas de manera pública, pero el resto seguirán siendo privadas, como tu e-mail, tu número de teléfono u otros datos que hayas proporcionado al abrir tu cuenta.

Una vez tengas listo tu perfil en Facebook, llega el momento de buscar. Y aquí surge la duda: ¿cómo lo hago? ¿Pido amistad a todo el mundo o qué?

En realidad, es mucho más fácil. Para empezar, Facebook te puede penalizar y dejar tu perfil en suspenso si pides amistad a demasiada gente que no conoces. Además, eso resulta muy frío. Lo mejor es empezar por ti. Me explico. Primero debes pensar en qué cosas te gustan y hacer una lista. Por ejemplo, supongamos que te gusta el senderismo, el teatro, el yoga y leer. Pues lo siguiente que harás será poner en la barra del buscador de Facebook, las palabras: «Grupos de [senderismo, lectura, teatro, etc.] de [nombre de tu ciudad]. Por ejemplo, si vives en Barcelona y te gusta el senderismo, lo que pondrías en el buscador es: «Grupos de senderismo en Barcelona» y entonces te saldrían todos los grupos creados en Facebook por gente que comparta esa afición. El siguiente paso es estudiar los grupos uno a uno y solicitar unirte a aquellos que más te gusten.

Lo bueno de unirse a grupos es que interactúas directamente con todos los miembros que escriben en el muro y, además, puedes entablar conversaciones, sumarte a alguna iniciativa o proponer tú alguna. Otra ventaja es que, si alguien quiere conversar contigo fuera del grupo, se puede abrir directamente una ventana de chat para hablar de forma privada.

Otra opción es buscar grupos en tu ciudad que se hayan creado con el fin de conocer gente sin pareja. Por ejemplo, si vives en Barcelona, en la barra del buscador deberías poner: «Grupos de *singles* en Barcelona» o «Buscando pareja estable en Barcelona». A partir de ahí, la dinámica es la misma. Haces clic en esos grupos, miras los miembros que tienen, el perfil de gente y te unes a los que más te gusten.

Ten en cuenta que cuando alguien publica algo dentro del grupo, aunque no estés conectado en ese momento, te llega la información por correo electrónico, lo que resulta muy útil para no perderse nada.

Quizá te estés preguntando qué es mejor, ¿unirse a grupos de *singles* o a grupos de personas con las que compartes aficiones? En realidad depende de lo que busques. Si tu única idea es conocer a miembros sin más pretensión que hacer nuevos amigos, entonces los grupos de *singles* son el entorno adecuado. En ellos encontrarás de todo, gente de todas las clases, de todos los niveles y con todo tipo de aficiones.

Sin embargo, si lo que buscas es una pareja estable es mucho mejor huir de la clasificación *single* y abrir un poco las miras. Piénsalo un momento, solteros, separados, divorciados, viudos, hay en todas partes. Entonces, ¿por qué ceñirse a los grupos de *singles* o de gente que busca pareja? De hecho, es más probable encontrar a tu pareja ideal en un grupo de personas afines, con quien compartas aficiones y valores. Es cierto que en esos grupos se encuentra gente de cualquier estado civil, pero entonces se trata de buscar un poco más y establecer un contacto más personal.

Por último, no olvides que Facebook te da la opción gratuita de crear tu propio grupo, así que, si no encuentras lo que buscas, también puedes lanzarte a crearlo.

Voy a contarte unas historias reales para que veas a qué me refiero.

Concha es una mujer de 38 años soltera, porque ninguna de sus relaciones ha llegado nunca a cuajar, atractiva e independiente. Aunque Concha nació en Madrid, sus padres se trasladaron a Tenerife cuando ella tenía 3 años, y allí es donde ha vivido toda su vida. Concha trabaja como administrativa en un supermercado, aunque siempre tiene el currículum listo para enviar a cualquier oferta que le proporcione un trabajo más estable que el actual.

Antonio es un gaditano de 45 años, divorciado desde hace siete y padre de dos niños de 8 y 11. Es director de una sucursal bancaria en su ciudad natal y un hombre responsable y trabajador.

—Estoy cansada de la vida que tengo aquí, estoy cansada de estar sola, necesito un cambio en mi vida, porque me ahogo —le comentó el otro día Concha a una de sus compañeras de trabajo—. Me gustaría conocer gente por Internet, pero no quiero ir a una de esas páginas de citas que te obligan a pagar por todo —siguió Concha mientras apuraba un café, entre factura y factura, sentada a su mesa de trabajo.

—¿Por qué no pruebas con Facebook? Ábrete un perfil —le dijo una de sus compañeras.

—Pero si ya tengo uno —respondió Concha.

—Sí, pero olvida el perfil personal que tienes para la familia, ábrete uno con tu nombre de pila, por ejemplo, y limita la información que quieres poner, porque lo vas a usar solo para esto —le dijo su compañera, que era toda una experta en el arte de conocer gente *on line*.

Concha pasó el resto de la tarde dándole vueltas a lo que su compañera le había sugerido y, cuando salió de trabajar, se fue directa a casa. Llegó, dejó el bolso y la chaqueta, agarró el portátil y se puso a ello.

Abrió una cuenta nueva de Facebook, agregó a amigos de amigos, y se sumó a grupos en los que había gente de las Islas y de la Península con intereses similares. Al poco tiempo, Concha comenzó a conocer a hombres de diferentes zonas, aunque no le gustaba ninguno.

Un día, al abrir su perfil, vio que tenía un mensaje de un hombre llamado Antonio. «Hola, me llamo Antonio (Toni, para los amigos) acabo de apuntarme a este grupo y he visto tu perfil. He visto que eres de Tenerife y yo soy un enamorado de las Islas, por eso me he tomado la libertad de escribirte por privado, porque me gustaría conocerte. ¡Un saludo!»

Al principio, a Concha no le interesó Antonio, ya que, aunque decía que tenía 45 años, en la foto de perfil parecía mayor. En realidad, solo aceptó la invitación de chatear porque le pareció una persona muy educada.

Poco a poco, comenzaron a hablar por chat cada vez que se conectaban a la red social, y Concha empezó a darse cuenta de que se sentía muy bien conversando con él. Era atento, romántico y muy sensato, pero lo mejor era su sentido del humor, capaz de hacerla reír y olvidar los problemas del día. Concha comenzó a sentir la necesidad de hablar cada vez más horas, y lo mismo le ocurría a Antonio.

Habían pasado seis meses desde que Concha y Antonio se habían puesto en contacto por primera vez, y la relación ya era diaria, así que Antonio decidió dar un paso más y le comentó a Concha que, para el puente del Pilar, tenía pensado escaparse a Tenerife. «Necesito verte», le dijo.

Concha estaba en una nube, emocionada y nerviosa al mismo tiempo, por un lado quería conocerlo, y por otro le daba miedo que la magia del chat se rompiera al conocerse.

Llegó el día. El avión de Antonio llegó a las 12:15 y en el aeropuerto estaba Concha esperándolo. Cuando él salió por la puerta de la terminal y la vio apretando el bolso con las manos, apoyada en el coche, le pareció la mujer más atractiva del mundo. Concha se dirigió hacia él, se miraron a los ojos y no hizo falta decir nada más, ambos se fundieron en un abrazo interminable seguido de un beso que selló lo que había nacido en el corazón de ambos.

De esto hace año y medio. Hoy en día, Concha vive en Cádiz con Antonio. Él sigue con su trabajo como director de sucursal bancaria y Concha encontró trabajo como administrativa en un concesionario. Tienen pensado casarse el próximo verano y están ultimando los preparativos. Los hijos de Antonio se llevan a las mil maravillas con Concha y ella tiene, al fin, la vida que siempre quiso.

Maite y Manuel se conocieron en una página web de citas. Ella tiene 50 años, dos hijos y vive en Gijón; él es un pediatra de 56 años con tres hijos, que vive en Barcelona.

Maite se registró en la página porque le habían dicho que era muy seria y contactó con Manuel porque, según el algoritmo de la web de citas, su grado de compatibilidad era de un 80 por ciento. Ella decidió que si la web lo decía, por algo sería. En su primera conversación, ella le dijo que todas las fotos que había puesto en su perfil eran de grupo, y que a ella le gustaría ver alguna foto donde saliera él solo. La respuesta de Manuel no se hizo esperar. En menos de quince minutos le envió siete fotos suyas. A partir de ahí desarrollaron una relación estrecha. Él es un hombre educado y sincero con un gran sentido del humor que Maite valora por encima de todo.

Su primera cita fue en Gijón a las diez de la mañana de un sábado, en la cafetería de un conocido centro comercial. Manuel lo arregló todo para salir de Barcelona con su coche y poder hacer un par de paradas para tomar café. Siempre que puede prefiere conducir y viajar a su ritmo. Deja el tren y el avión para los viajes de trabajo, las reuniones o los congresos.

Ambos se gustaron desde el primer momento y se dieron cuenta de que encajaban y, además, buscaban las mismas cosas.

Ahora solo quieren estar juntos y, además, sus hijos están encantados. Están convencidos de que las próximas navidades serán mágicas.

Me enamoré de Encarni en Mallorca. Superar un divorcio es duro. Funcionas por momentos, unos estás mejor que otros. Fue mi mujer quien decidió poner fin a nuestra relación y eso me dejó tocado. Necesitaba conocer personas nuevas, gente en mi misma situación. Al principio, el tema pareja no entraba en mis planes, yo buscaba amistades, y en Internet vi una buena oportunidad.

Me registré en aquella web de citas por su test de personalidad y porque me permitían probar de forma gratuita un mes, durante el cual podría contactar con aquellas personas con las que tuviera compatibilidad.

Empecé a conocer gente y, entre esas personas, estaba Encarni. Desde el primer momento hubo una conexión especial entre nosotros, aunque no teníamos un índice de compatibilidad excesivamente alto. Ella era de Barcelona y yo de Mallorca, pero no pensamos en la distancia, ya que lo importante era la conexión que se había creado entre nosotros. Primero empezamos a chatear, pero luego nos intercambiamos los números de teléfono y comenzamos a hablar muy a menudo.

Hasta que decidí que quería poner cara a esa sonrisa que percibía en la voz. Ella me había dicho muchas veces que nunca había estado en Mallorca y que tenía muchas ganas de conocer la isla, así que no me lo pensé dos veces: descolgué el teléfono, la llamé y la invité a pasar un fin de semana en Mallorca. Le dije que, si no quería gastar dinero en un hotel, podía quedarse en un apartamento que tengo en Palma para alquilar en verano, y que ahora estaba vacío. Le encantó la idea y el fin de semana siguiente, por fin, la tenía ante mis ojos.

Nos gustamos desde el primer momento. Pasamos un fin de semana increíble y quedamos en que al siguiente yo iría a Barcelona, y así lo hice. Desde entonces estamos a caballo entre Barcelona y Mallorca y hace apenas dos días decidimos vivir juntos aquí en Mallorca. Lo hemos determinado así porque para ella es más fácil que para mí el traslado de localidad, y a ella le encanta esto. Es el comienzo de algo hermoso.

Juan Miguel vive en Alicante, tiene 46 años y hace un año rompió una relación de trece. Desde entonces, reparte su tiempo entre el trabajo en un bufete de abogados, el deporte y sus perros. Milagros es una mujer de 49 años, separada hace poco menos de dos. Es psicóloga y tiene una consulta abierta en su Murcia natal. Milagros sabe muy bien lo que es un proceso de separación y divorcio puesto que ayuda a diario a personas que viven este proceso. Saber gestionar estos temas le ha sido muy útil para tirar adelante en su situación.

Juan Miguel y Milagros se conocieron en una web de citas en la que ambos habían abierto un perfil, en parte por curiosidad y en parte por dejar abierta la puerta para volver a enamorarse.

Todo empezó cuando Juan Miguel vio que en su lista de personas compatibles había aparecido alguien con quien tenía un 95 por ciento de compatibilidad. Se llamaba Milagros. A él le gustó el nombre, vio que era de Murcia (a solo 45 minutos de Alicante) y se decidió a mandarle una solicitud de contacto. Ella respondió al día siguiente y, a partir de ese momento, se llamaban a diario por la noche, cuando salían del trabajo. Eran conversaciones en las que ambos se sentían muy cómodos, y empezaron a pensar que su historia iba por buen camino.

Cuatro meses después de conocerse, decidieron que había llegado el momento de verse en persona. Así que el 19 de junio, coincidiendo con las fiestas de las hogueras de san Juan en Alicante, Milagros y Juan Miguel decidieron pasar el fin de semana juntos en la ciudad. Quedaron en el puerto, frente al tiovivo, y, nada más verse, se fundieron en un largo abrazo. Pasaron un fin de semana de ensueño y empezaron a concretar un proyecto de vida en común.

Pasaron el siguiente fin de semana en Murcia y, antes de irse, Juan Miguel le dijo a Milagros que la esperaba el próximo fin de semana en Alicante para darle una sorpresa. Nada más llegar, le preguntó a Juan Miguel dónde estaba la sorpresa, pero él le respondió que tendría que esperar a la noche. También le dijo que se arreglara para cenar y que la recogería sobre las nueve y media.

Cuando la fue a buscar, la llevó en coche a Campello, un pequeño pueblo cerca de Alicante, y allí aparcaron al final del paseo marítimo. Milagros pensó que iban a cenar en algún restaurante de la zona, pero él la llevó a un rincón de la playa y le pidió que esperara cinco minutos.

Al cabo de poco, regresó con una bolsa enorme de la que sacó una manta de terciopelo y dos cojines de raso que dispuso sobre la arena y, sobre ella, platos y copas de cristal, servilletas y seis candiles que encendieron uno a uno.

De otra bolsa sacó una cena fría preparada por un conocido restaurante y una botella de buen vino. A continuación, en el centro de aquella mesa improvisada puso dos cuencos de cristal, uno de color rosa palo y otro de color gris humo. Los llenó de arena y en el de color rosa introdujo una hoja de papel. Sirvió dos copas de vino y dijo:

—Milagros, no puedo expresar con palabras lo que siento por ti, sé que te preguntarás qué significa todo esto. Ahora lo comprenderás, dame unos segundos. Quiero que leas la hoja que hay en el cuenco rosa, que te representa a ti, igual que el cuenco gris me representa a mí.

Milagros cogió el papel sin pensarlo y empezó a leer:

«Bendición del matrimonio apache - Alimur.

»Ahora no sentiréis que la lluvia os moja porque cada uno de vosotros será el amparo del otro.

»Ahora no sentiréis el frío porque cada uno de vosotros será el abrigo del otro.

»Ahora vosotros sois dos personas pero a partir de ahora seréis una sola.

»Id ahora a vuestro hogar para comenzar los días de vuestra vida juntos. Y quizá sus días sean largos y buenos sobre la tierra.

»Trataos a vosotros mismos y al otro con respeto y recordad a menudo qué os ha unido.

»Dad la mayor prioridad a la ternura, gentileza y bondad que vuestra unión merece.

»Cuando la frustración, la dificultad y el temor asalten la relación, como aquello que amenaza todo tarde o temprano, recordad: centraos en lo positivo, no solamente en la parte que se ve equivocada.

»En este camino, podéis cabalgar lejos de las tormentas cuando las nubes oculten la cara del sol en vuestras vidas, recordad que aunque lo perdáis de vista por un instante, el sol aún sigue ahí.

»Y si cada uno de vosotros se responsabiliza por vuestra calidad de vida juntos, seréis bendecidos con la abundancia y la felicidad.»

Cuando Milagros acabó de leer aquellas hermosas palabras, con los ojos medio empañados, le preguntó qué significaba la palabra «Alimur». Él le respondió:

—«Alimur» significa Alicante y Murcia, nuestras tierras, y este es desde ahora nuestro rito Alimur, con el que quiero demostrar mi amor hacia ti. Quería que tuviéramos algo solo nuestro que sellara este amor.

Mientras decía esto, cogió la arena del cuenco rosa y la volcó en el cuenco de color gris y luego al contrario. A continuación, Milagros dio con un brindis también propio y, así, completaron el momento.

En la actualidad Milagros y Juan Miguel aún viven separados entre semana, pero están a punto de iniciar su vida juntos.

Ahora te toca a ti

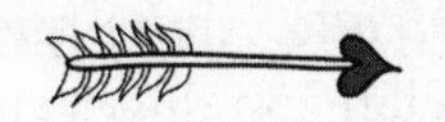

Y, casi sin darnos cuenta, hemos llegado ya al final de este libro. Espero que este sencillo método te ayude a tener más claro el tipo de pareja que quieres y necesitas a tu lado, así como la forma de dirigir tus pasos hacia ella.

Mis consejos pretenden ser una brújula que te oriente sobre qué cosas debes empezar a cambiar y qué otras debes comenzar a poner en marcha en tu vida si de verdad quieres encontrar a tu *perfect match*, así que permíteme que te haga un pequeño resumen de todo lo que hemos aprendido, para que lo tengas siempre a mano:

- **Conócete.** Recuerda que siempre debes tener clara tu situación actual y pensar realmente en si quieres una pareja y para qué.
- **Qué necesitas y qué no.** Antes de lanzarte a buscar, debes conocer tus necesidades y tus límites para definir a tu pareja ideal.
- **Sal de tu zona de confort.** Si sigues haciendo lo mismo una y otra vez, no obtendrás resultados distintos. ¡Sal a buscar a tu pareja ideal allí donde realmente puedas encontrarla!

- **Puede estar en cualquier parte.** Recuerda que el mundo no se limita a las discotecas o a Internet, el día a día te ofrece multitud de posibilidades para conocer a esa persona especial. Solo debes poner un poco de tu parte.
- **La confianza es la clave.** Ya sea para seducir, para triunfar en la primera cita, en la segunda o en la tercera, la clave de todo está en la confianza que logres transmitir.
- **A seducir se aprende.** Ahora que ya conoces todos los trucos de seducción, ¡no dudes en ponerlos en práctica!
- **Internet, un océano de posibilidades.** Conocer a gente en Internet es una opción tan válida como cualquier otra. Sácale todo el partido a la red.

A lo largo del libro he compartido contigo una serie de historias reales para demostrarte que los pequeños cambios en la forma de pensar y actuar pueden tener magníficas consecuencias en el mundo del amor.

Ojalá seas tú quien protagonice la próxima historia con final feliz. Recuerda que el amor está en el aire, solo debes abrir bien los ojos y no dejar pasar ninguna oportunidad. Tu pareja ideal está más cerca de lo que crees. Te lo aseguro.

Test poslectura

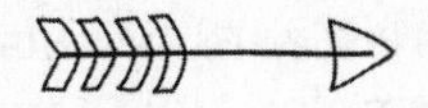

Al principio del libro te he propuesto unas preguntas a modo de diagnóstico previo para que pudieras evaluar en qué punto te encontrabas.

Ahora, con todo lo que has aprendido sobre ti mismo y sobre tu situación después de leer el método, me gustaría que volvieras a responder las mismas preguntas y, además, aprovecharas para empezar a elaborar tu plan de acción. ¿Qué me dices?

QUIERO:

Escribe exactamente cuál es tu objetivo en lo relativo a la búsqueda de pareja

....

A continuación, responde a estas preguntas:

- ¿Qué has hecho hasta ahora para alcanzar ese objetivo?
- ¿Qué te ha funcionado y qué no?
- ¿Qué opción te parece imposible?
- ¿Qué decisión has estado evitando?

Ha llegado el momento de tomar medidas:

- ¿Cuál es el primer paso que vas a dar?
- ¿Qué acciones vas a tomar al respecto? (por ejemplo: llamar a amigos, apuntarte a cursos de baile, crear un perfil en redes sociales, etc.). ¿Cuál es el primer paso que vas a dar?
- ¿Cómo puedes hacer esas acciones más agradables o divertidas? (por ejemplo: pedir a un amigo o amiga que te ayude a crear los perfiles en redes sociales, o que se apunte a clases de salsa contigo, ¡lo que se te ocurra!).
- Si te pregunto qué acción vas a tomar en relación a encontrar a tu *perfect match* en los próximos diez minutos ¿cuál sería?
- ¿Cuáles son las tres acciones que puedes hacer que le darán sentido a esta semana?

Elige bien tus acciones:

- ¿Qué es lo primero que vas a hacer? Incluye día y hora.
- En una escala del 1 al 10, ¿qué probabilidades hay de que realmente lo hagas? (si la respuestas es menor que 7, pregúntate qué te está impidiendo llevarlo a cabo y conviértelo en tu primera acción).
- ¿Cómo te saboteas normalmente?

Cuéntame qué sentirás cuando hayas encontrado lo que buscas.

Test previo a la búsqueda de pareja

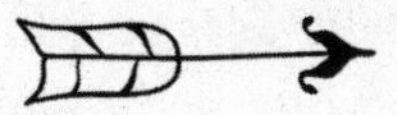

Antes de acabar, quiero compartir contigo una herramienta muy útil que utilizamos los *love coach* para evaluar a las personas que se ponen en contacto con nosotros. Es un cuestionario que te obligará a reflexionar sobre algunas facetas de ti mismo, y que te puede dar pistas sobre tu carácter y aquello que buscas en una pareja. Al final, te doy unas pautas para interpretarlo. Puedes usarlo como punto de partida para tu trabajo de autoanálisis.

Responde con sinceridad a este cuestionario

1) La soledad me sugiere…
   a) libertad ☐
   b) miedo ☐

2) Me siento a gusto cuando estoy con gente.
   a) Sí ☐
   b) No ☐

3) Me gusta hacer cosas o participar de la vida social de mi entorno.
   a) Sí ☐
   b) No ☐

4) Prefiero ser…
   a) una persona dura ☐
   b) una persona sensible ☐

5) Me resulta más difícil…
   a) ser una persona empática ☐
   b) ser una persona distante ☐

6) Soy…
   a) hombre ☐
   b) mujer ☐

7) La edad de mi futura pareja me importa…
   a) poco ☐
   b) nada ☐

8) Mi nivel de formación es…
   a) medio-alto ☐
   b) medio-bajo ☐

9) El nivel de formación de mi futura pareja me importa…
   a) poco ☐
   b) nada ☐

10) Mi estatura es: ....

11) En cuanto a estatura, prefiero que mi pareja…
    sea de mi estatura ☐
    sea más alta que yo ☐
    me da igual ☐

12) Mi grupo étnico es: ....

13) El grupo étnico de mi pareja me es indiferente.
   a) Sí ☐
   b) No ☐

14) Me veo:
   a) atractivo/a Sí ☐ No ☐
   b) alto/a Sí ☐ No ☐
   c) bajo/a Sí ☐ No ☐
   d) delgado/a Sí ☐ No ☐
   e) con exceso de peso Sí ☐ No ☐
   f) sensual Sí ☐ No ☐
   g) atlético/a Sí ☐ No ☐
   h) escultural Sí ☐ No ☐
   i) poco atractivo/a Sí ☐ No ☐

15) A la hora de elegir pareja, el físico es…
   a) muy importante ☐
   b) nada importante ☐

   Y yo me considero…
   a) atractivo/a ☐
   b) poco atractivo/a ☐

16) En cuanto a religión, me resulta indiferente la religión que profese mi futura pareja.
   a) Sí.
   b) No. Quiero que mi pareja sea de religión ...

17) Sobre mí:
   Me gusta planificar las cosas.
   a) Sí ☐
   b) No ☐

Tengo tiempo para mí.
a) Sí ☐
b) No ☐

Tengo tiempo para los demás.
a) Sí ☐
b) No ☐

Soy muy servicial.
a) Sí ☐
b) No ☐

Tiendo a la dispersión.
a) Sí ☐
b) No ☐

Soy ordenado/a.
a) Sí ☐
b) No ☐

Me gustan las personas inteligentes.
a) Sí ☐
b) No ☐

Pierdo los nervios con facilidad.
a) Sí ☐
b) No ☐

Sé cómo hacer para que los demás
se sientan bien.
a) Sí ☐
b) No ☐

Soy una persona conciliadora.
a) Sí ☐
b) No ☐

Soy egoísta.
a) Sí ☐
b) No ☐

Me deprimo con facilidad.
a) Sí ☐
b) No ☐

Me considero autodidacta.
a) Sí ☐
b) No ☐

Me distraigo muy fácilmente y no termino las cosas.
a) Sí ☐
b) No ☐

Asimilo con facilidad.
a) Sí ☐
b) No ☐

Me gustan las normas establecidas.
a) Sí ☐
b) No ☐

Tengo espíritu emprendedor.
a) Sí ☐
b) No ☐

Soy muy metódico/a y ordenado/a.
a) Sí ☐
b) No ☐

Soy voluntarioso/a.
a) Sí ☐
b) No ☐

Me enfado fácilmente.
a) Sí ☐
b) No ☐

18) Soy… (marca 5 características que crees que te definen.)
romántico/a ☐
sociable ☐
amable ☐
calmado/a ☐
sincero/a ☐
creativo/a ☐
fiel ☐
alegre ☐
generoso/a ☐
inteligente ☐
apasionado/ ☐
espontáneo/a ☐
optimista ☐
responsable ☐
trabajador/a ☐
respetuoso/a ☐
vital ☐
confiado/a ☐
espiritual ☐
sensible ☐
detallista ☐
susceptible ☐

19) En el último año me he sentido…
triste.
a) Sí ☐
b) No ☐

feliz.
a) Sí ☐
b) No ☐

esperanzado/a.
a) Sí ☐
b) No ☐

deprimido/a.
a) Sí ☐
b) No ☐

cansado/a.
a) Sí ☐
b) No ☐

realizado/a.
a) Sí ☐
b) No ☐

incomprendido/a.
a) Sí ☐
b) No ☐

equilibrado/a.
a) Sí ☐
b) No ☐

20) ¿Quiero que mi pareja…
sea familiar.
a) Sí ☐
b) No ☐

Que le gusten los niños.
a) Sí ☐
b) No ☐

Que le guste divertirse.
a) Sí ☐
b) No ☐

Que le gusten los animales.
a) Sí ☐
b) No ☐

21) Si pienso en mi vida, recuerdo más acontecimientos que me han marcado positivamente.
a) Sí ☐
b) No ☐

22) Hace poco he terminado una relación.
a) Sí ☐
b) No ☐

23) Soy fumador.
a) Sí ☐
b) No ☐

Busco una pareja fumadora.
a) Sí ☐
b) No ☐

Tengo hijos.
a) Sí ☐
b) No ☐

Me es indiferente que mi futura pareja tenga hijos.
a) Sí ☐
b) No ☐

24) El nivel económico de mi pareja es importante para mí.
a) Sí ☐
b) No ☐